分享经济

站在未来十年的风口

周禹岐 / 著

中国海关出版社

图书在版编目（CIP）数据

分享经济：站在未来十年的风口/周禹岐著．—北京：中国海关出版社，2017.9

ISBN 978-7-5175-0227-2

Ⅰ.①分…　Ⅱ.①周…　Ⅲ.①商业模式—研究
Ⅳ.①F71

中国版本图书馆 CIP 数据核字（2017）第 216475 号

分享经济：站在未来十年的风口

FENXIANG JINGJI：ZHANZAI WEILAI SHINIAN DE FENGKOU

责任编辑：李易飏
助理编辑：刘　婧
出版发行：中国海关出版社
社　　址：北京市朝阳区东四环南路甲 1 号　　邮政编码：100023
网　　址：www.hgcbs.com.cn
编 辑 部：01065194242-7548（电话）　　01065194231（传真）
发 行 部：01065194221/4238/4246（电话）　　01065194233（传真）
社办书店：01065195616（电话）　　01065195127（传真）
　　　　　www.customskb.com/book（网址）
印　　刷：北京新华印刷有限公司　　经　　销：新华书店
开　　本：710mm×1000mm　1/16
印　　张：13　　字　　数：162 千字
版　　次：2017 年 10 月第 1 版
印　　次：2017 年 10 月第 1 次印刷
书　　号：ISBN 978-7-5175-0227-2
定　　价：42.00 元

导　言

分享经济是下一个十年的商业模式

在当下的中国，分享经济正深刻地影响着我们的生活。它以颠覆性的姿态将大众用移动互联网、物联网更紧密地连接起来，带来了前所未有的便利，改变着整个商业运作的形式，成为供给侧改革的助力手段。滴滴、优步（Uber）等打车方式的出现将人们从专属打的的出行方式中解放出来，风靡当下的共享单车则是出行方式上又一次惊人的变革。被时代几乎淘汰了的自行车，贴上互联网二维码，一跃成为时代的宠儿。

在众人还没有完全反应过来的时候，共享汽车、共享停车、共享雨伞、共享篮球、共享书籍、共享充电宝等分享产品纷至沓来，从交通工具到生活用品，人们在享受便捷的同时，也获得了更多的乐趣和收益。

而今滴滴出行已经成为我们日常生活的一部分，出门想打车，只要拿出自己的手机，就能搞定一切。那是什么力量驱使滴滴出行走向交通出行行业的顶峰呢？正是分享经济。分享经济已经成为新经济发展的趋势和新商业发展的方向。

2016年3月26日，阿里巴巴旗下以二手交易为切入点的产品闲鱼对外公布数据：闲鱼APP用户数超过1亿；平台上有12万个“鱼塘”在运作；累积分享交易了1.7亿多件物品……这些数据背后，都凝聚着分享经济的汗水和功劳。

那么，何为分享经济呢？它既不神秘，也不深奥，通俗来讲，就是“我有一些资源，在我不用的时候，欢迎你来用”“我赚了点儿小钱，你节约了成本，我们还可能成为好朋友”……分享型经济，其实一点儿也不复杂。

目前，分享经济的热潮也已经席卷全球，渗透到了生活中的衣、食、住、行等各个领域，深刻地改变着人们的生活方式。无论是在健康领域，还是物流领域，抑或是食品、出行、娱乐和金融等领域，都已经出现了分享的趋势。

分享经济，是未来商业发展的趋势。移动互联网时代，每个企业都应该发挥自身的优势，并结合市场的需求，将本身闲置的资源、人才、技术，甚至时间，分享给有需要的人。

共享经济已成燎原之势，共享时代已然来临。“我的就是你的”，再也不是一句客套话。

目录

第 1 章

分享经济：呼啸声中的风口

颠覆、创建、驱动，创业者怎样让分享经济达到万亿级别？

美国、中国、世界，分享经济怎样让投资者从“interesting”到“incredible”？

收益、分享、改变，消费者如何从“试试看”到“不可或缺”？

迅速崛起的商业新生态与产业新结构

消费商，是市场经济产生的一种新的商业主体。过去，曾出现过传统经销商；后来，又出现了直销模式下的消费商；电子商务时代，又产生了网商……有别于经销商，消费商不需要运作资金，只要体验产品之后把使用产品的效果分享给更多的人就可以了。

目前经济活动已进入终端，只有拥有并锁定消费者，才能赚到更多的钱。那么，如何才能拥有并锁定消费者呢？就连马化腾也曾在互联网大会上提到：当你的用户群足够大时，业务模式就不再是问题。也就是说，当你拥有的消费者群体足够大时，不管销售任何产品，都会赚钱，只要你的产品不损害消费者。

在信息经济社会中，经济活动是以消费者为核心的，消费商也就成了时代的幸运儿。

那么消费商又是如何运用分享经济的呢？这里有个小故事：

老王开着一家小面馆，由于味道不错，小陈几乎每个月都会来这里吃面。

突然有一天，老王对小陈说："小陈，你觉得，我家的面怎么样？"

小陈说："不错，挺好吃的。我很喜欢。"

老王："既然好吃，我想跟你谈个合作。你愿意吗？"

小陈说："怎么合作？"

老王："从今天开始，我正式邀请你成为面馆的合伙人，你像过去一样每天来我这里吃面，以前你来吃面都不打折，成为合伙人以后打七折；如果有人问你我这里的面好吃吗，你要说'那里的面很好吃，你报我的名字可以打七折'。如有客人报你的名字来吃面，每吃一碗，我奖励你 1 元；客人再介绍其他朋友来吃面，每吃一碗，我奖励你 0.5 元……"

小陈说："这个方法倒是不错。"于是，小陈就开始介绍朋友来吃面。

月底，老王对小陈说："这个月你介绍的人，一共吃了 2000 碗面。这是按约定给你的 1800 元。"小陈很是惊喜，顿感自己的分享很值得。

一段时间后，小陈要准备雅思考试，没有时间去帮老王介绍顾客了，可是忙里偷闲的他还是会来吃面，再跟大家聊聊天。一天，老王拉着小陈，递给他 6000 块，小陈感到很诧异，老王说到："你上次介绍的那些朋友经常来，并且他们还介绍了其他的朋友来吃，我同样也给了奖励。这些是你应得的，当初多亏你介绍，我的面馆才会生意兴隆啊。"小陈非常感激，此后，小陈就跟老王面馆长久地合作了下去。

这就是分享经济。你看懂了吗？

分享经济最早起源于美国，随着爱彼迎（Airbnb）、优步的崛起，这一概念及其价值迅速得到广泛认可，成为一种创新的经济模式。

分享经济的概念最早起源于马库斯・菲尔逊（Marcus Felson）和乔・思帕斯（Joe L. Spaeth）的论文《社区结构和协作消费》。该论文对汽车分享进行了研究，发现闲置资源可以通过使用权的分享来实现有效配置。

2011年，萨拉·霍洛维茨（Sara Horowitz）在《分享经济是一场静悄悄的革命》中提出分享经济一词，引发了热议。同年，美国《时代周刊》将分享经济列入“将改变世界的十大想法”。目前，学者普遍认为，分享经济是一种全新的生产消费模式和企业运营模式。

一、分享经济“分享”的究竟是什么？

分享经济产生于互联网技术发展的大背景下。这是一种全新商业模式，颠覆了传统的消费观念。所谓分享经济指的是：资源拥有者主动将自己闲置的资源拿出来，提供给有需要的人使用，并从中获取一定的收益。

在国外，具有代表性的分享经济模式是优步和爱彼迎，前者主要为用户提供出行车辆服务，后者主要为用户提供旅游租房服务。到2015年，优步已覆盖了全球60个国家和地区的310个城市，估值超过500亿美元，是全球估值最高的非上市公司；而爱彼迎旗下拥有的租住房间数量也远超国际酒店巨头希尔顿。

在国内，分享经济的主要代表有提供出行服务的神舟租车和提供旅游短租服务的木鸟等。无论是优步、爱彼迎，还是滴滴，最近两年都爆发式增长，以最快的速度成为互联网行业的杰出代表，并引发了分享经济模式在各行各业中的创业潮。

2014年后，分享经济进入了快速扩张期，目前已经渗透到了众多领域和细分市场。数据显示，2014年全球分享经济的市场规模为150亿美元；到2025年，预计将达到3350亿美元。目前，在房屋租赁、交通出行、家政、酒店、餐饮等领域，出现了众多基于分享经济的创新公司。

分享经济为何会受到人们的追捧？这自然要归功于分享经济的诸多好处。例如，互联网模式下的拼车服务，能减少 55% 的交通拥堵，既可以大大节约道路资源和能源消耗，又能够在一定程度上降低消费者的用车成本，这使得平台、使用者、分享者、社会等几方面实现了共赢。

分享经济所坚持的理念：通过调整社会存量资源，最大限度地利用产品和服务，满足消费者需求。按照现在的发展势头，我们有理由相信，在不远的将来，分享经济必然会延伸至各行各业之中，包括金融租赁、物流运输、教育培训、广告创意等行业，成为主流商业模式。

二、分享经济：下一个十年的商业新生态

目前，分享经济正在颠覆和逐渐替代传统的商业模式。对生产者来说，市场交易成本的降低引发了传统企业边界的收缩，引发了个体经济的强势回归。对用户和消费者来说，市场交易成本的降低促进了交换方式的转变——从以“买”为主转向以“享用”和“租用”为主，增加了消费者的福利。

从一定程度上来说，分享经济不仅提高了闲置资源的利用率，还抑制了新增资本的投入；不仅给消费者带来了实惠，还给直接从业者带来了更大的从业自由。

分享经济下的商业模式比传统商业模式更能让人们接受，笔者认为，分享经济将会颠覆大型企业的运营模式。

资源的优化配置

分享模式的优势就在于资源的优化配置。

出差或旅游时，很多人都会将自己的爱车放到停车场，这需要支付一笔不低的停车费；而对外地旅游者来说，在目的地租车也需要支付一笔不小的费用。美国 P2P 汽车租赁服务平台 Flight Car 则是鼓励客户将自己的私家车租给其他人，其模式就是将闲置汽车集中起来租给旅游者。

Flight Car 成立于 2012 年，起步于旧金山国际机场，其服务现已经遍布波士顿与洛杉矶。考虑到车主出门旅行时经常会将爱车开到机场停放，Flight Car 便将营业点设置在机场附近。出差或旅行的用户只要将私家车直接开到营业点，就可以将自己闲置的爱车加入到 Flight Car 的分享中来；同时，观光游客可以用远低于传统租车服务公司的价钱租到车。

Flight Car 的盈利模式是从车辆租赁费中提成，租金并不固定，会根据时间、需求等因素进行调整。除主营汽车租赁服务外，Flight Car 还提供相应的车辆保险和洗车等服务，例如，每次出租前后，Flight Car 都会提供免费的洗车服务。

考虑到车主可能不放心将爱车交给陌生人，Flight Car 不仅为租赁车辆投保 100 万美元，还严格筛选租客。如果想租赁汽车，租客需要提供自己的驾驶记录，通过审核后才能拥有租赁资格，如此不仅有效保证了驾驶安全，还打消了车主的安全顾虑。此外，即使是通过审核的租客，车主也有权利拒绝租赁；即使车辆闲置，车主也能够享受到免费的停车与洗车服务。

Flight Car 模式针对的不仅是容易接受新事物的年轻人，还包括老年人，其实近1/3的签约用户都是老年人。此外，用户调查结果也显示，Flight Car 在用户中口碑良好，大部分注册用户都是因它的名气而来的，而非广告宣传。

截至 2014 年 9 月，Flight Car 的签约用户已超过 3 万，平台上共有 1 万辆汽车可供出租。

一、分享经济的本质

从本质上来说，分享经济就是整合线下的闲置资源，将它们以较低的价格提供给有需要的人。在这个过程中，供给方可以通过让渡物品的使用权而获得一定的回报；对需求方来说，则可以通过租、借等分享方式获得自己需要的物品。

因此，分享经济的本质可以归纳为以下三点：

1. 拥有而不占有。简而言之，分享经济就是在一个经济体系中，通过免费或收费的方式，将资产或服务分享给他人。信息以互联网的方式传播，可以将自己闲置不用的资源，如汽车、房屋、车位、WiFi 等，出租给其他人，提高资源的利用率。用八个字来概括就是：共同拥有，而不占有，这是分享经济最重要的本质。

2. 互助和互利。分享经济的理念是，将闲置的资源进行调配，提高使用率。因此，分享经济的另一个本质是互助和互利，所谓互助就是互相帮助。比如，你的汽车因限号而不能出行，你在公司的车位就出现了闲置，如果能够在这段时间将车位免费提供或出租给有需求的人，那么自然就形成了一个互助的关系。对分享者来说，收益是将分享行为持续下去的一大动力，因此互利是分享经济的核心本质之一。

3. 只有商业合作伙伴，没有雇佣关系。从分享经济兴起至今，各行各业已经深入践行了“合作”的理念。尤其是在“互联网+”时代，企业更要建立一个分享平台，将更多的闲置资源整合到一起，再将这些资源分享给有需求的用户使用。在这个过程中，提供资源的一方就是企业的商业伙伴。双方不是雇佣关系，而是商业合作伙伴，这也是分享经济的一个重要本质。

二、分享模式的优势在于资源的优化配置

随着消费需求的不断升级，人们对社交性和成就感的需求越来越多；同时，人们还逐渐认识到：自己需要的并不是事物本身，而是事物所带来的使用价值。“占有”不再是人们追求的目标，人们更重视的是事物的使用权而不是所有权，更加在意的是合作而不是竞争，“交换价值”渐渐被“分享价值”所代替。

从本质上来说，分享模式就是资源的优化配置。在移动互联时代，分享模式以移动互联网为载体，利用 P2P 技术，大大促进信息的高效流通，继而减弱信息的不对称性，让商品或服务使用价值的获取方式更加廉价、方便且迅速。

分享的对象，既包括汽车、房子、办公室或闲置设备等固定资产，也包括信息、能源、资金等可移动资产，完全满足了可持续发展的需求。

分享模式的出现让消费者一改过去的“扔掉”做法，将资源整合起来，进行再利用。通过社会资源的调整，让商品价值得到充分利用，以几乎免费的方式，让大家一起来分享商品和服务。这种模式最具生态效益，是一种有效可行的可持续发展模式。

产业重构孕育巨大空间

EatWith，成立于 2012 年 2 月，总部设在以色列，已获得 120 万美元的融资。如果食客想在这里得到服务，就可以在官网注册，选择地区、口味后预约并付费。主人要做的是：制作菜单，上传照片，填充地址，然后等待食客下单。

EatWith 是一个对接食客与厨师的平台，而这里的餐厅是家庭餐厅，厨师是善于烹饪的主人，大多数食客则都是旅游者。在这里，对于旅游者来说，美食只是一种交往的媒介，而交流才是真正目的，旅行才是最终的意义。在这个过程中，主人也可以获取劳务费，增加个人收入。

开始的时候，为了确保“家庭餐厅”的质量，EatWith 采取了人工验证的方式，即员工亲自试吃，合格后颁发证书。当时，该平台只对以色列的特拉维夫市和西班牙的巴塞罗那两城开放，2 年之后已覆盖 30 多个国家。

从字意上来看，“分享”就是“共同享用”。在物质匮乏的年代，亲人之间共享衣服和物品是分享；在物质丰富的今天，通过互联网搭建的第三方平台，陌生人之间分享物品，这就出现了分享经济。这种经济模式，不仅让闲置资源得到了充分利用，还有效地填补了市场对某些产品或服务供给的不足。

一、交通分享

优步的出现，为人们很好地阐释了“分享经济”一词，为传统的出租车行业带来了颠覆性改变。如今，每个人都可以成为出租车司机，这不仅解决了过去打车难的问题，还使闲置车辆与劳动力得到了高效利用。除了打车，还出现了拼车、停车等领域的分享模式。

二、岗位分享

如今，分享经济已经渗透到兼职领域，人们可以用业余的时间做一些其他工作，来获得更多的收入。企业可以寻求兼职人员来负责广告、创意、会计、撰稿等工作，以此来减少企业的人事成本和管理成本。将来，我们会看到更多的自由职业者，他们不受公司规章制度的约束，可以充分发挥自己的长处，做自己喜欢的事情。

三、金融分享

如今，互联网金融是一个热门话题。随着 P2P、众筹等平台的出现，人们的投资理财方式发生了巨大改变。比如，投融界就是一个资源分享平台。在这个平台上，不仅有掌管 3 万亿资金的投资人，还有百万个需要资金支持的项目方，一旦投资方将钱提供给项目方，也就实现了互利互惠，大大减少了传统投融资过程中的交易成本。

在互联网的促使下，分享经济快速发展，人们支配自己财富的选择越来越多。互联网金融和传统金融并没有实质性差别，都是为了满足用户的三大基本金融需求——投资、融资和支付。但是相比传统金融，互联网金融更加便利、快捷、有效。

四、租赁分享

爱彼迎颠覆了传统的酒店行业，在分享经济已经渗透到办公租赁业的今天，它满足了办公短租租赁者的需求。其实，某些办公楼的小空间或某个公司的空闲空间同样可以提供这种服务。把闲置的房子、办公场地、办公用品，甚至汽车、家电、衣服、鞋包等租给有需要的人，在增加经济收益的同时还提高了资源的利用率。

五、物流分享

目前，快递业的运作模式大都是快递公司雇佣快递员进行商品派送。在这个过程中，最大的需求资源就是人力，一旦缺人，就会延误快递时间，影响用户体验。如每年春节前的半个月，很多快递员都会提前回家，工作人员紧缺，快递速度自然就会大大降低。为了优化资源，美国优步推出了同城快递服务优步 Rush，用户在优步平台上叫快递，由司机将物品派送到目的地。

六、师资分享

在教育备受重视的当下，优质的教师资源对学校和学生来说都异常重要。

在分享经济模式的影响下，师资力量可以得到重新分配，既可以满足公立学校老师在业余时间赚取外快的需求，又可以解决拥有教师资质但无法进入公立学校工作人士的需求；同时，他们也不用依附私立教育机构，而成为自由职业者，直接为学生提供服务。

此类平台的服务的佣金，通常都远低于私立教育机构收取的依附资金。对于服务需求方来说，既可以满足想享受个性化教育服务的学生的需求，又能够解决难寻好口碑补课老师的困难。

七、服务分享

如今，互联网已经把线下的资源搬到了线上，上门理发、上门按摩、上门美甲、上门洗车、上门打扫等纷纷出现在了人们的视野中。提供家政服务的人员并不一定来自某个家政公司，而是时间空闲想赚钱的人；当然，他们可能接受过家政的相关培训，有着相关从业经验。在分享经济下，用户也可以提前预约家政服务，合理安排时间，节省排队时间。

分享经济下的正确“烧钱”姿势是什么

俗话说：“钱不是万能的，没有钱是万万不行的。”这句话中，只有后半句符合现在企业的生存现状。

放眼望去，如今的 O2O 企业大多数都是依靠烧钱“博出位”，从团购、外卖等餐饮业到租车的出行行业，到综合旅游预订平台，再到金融、教育等领域，都在“拼烧饼（拼钱、烧钱、并购）”。随着分享经济的崛起，这种烧钱“火势”又开始向分享经济下的新业态蔓延，无论是分享个人车、房资源，还是分享技能领域的知识、教育、美业，都陆续展开烧钱大战。

打车是分享经济最先渗透、发展最快的领域，而滴滴、快的烧钱火势也尤其迅猛。从 2016 年开始，滴滴就开始“烧钱”，有人甚至说，为了补贴司机，滴滴出行每周要“烧掉”7000~8000 万美元，一年就是 40 亿美元。

目前，分享经济下各行业的 O2O 平台纷纷初露头角，陆续获得资本市场的青睐。《中国分享经济发展报告 2016》数据显示，2015 年中国分享经济融资额为 1460 亿元，集中分布在生活服务、交通出行、知识技能、房屋短租等六大领域。

2016 年伊始，木鸟获得数千万融资，之后主张办公空间分享的 WeWork 获得了 4.3 亿美元的融资，作为企业管理 SaaS 服务提供商的纷享逍客，也正式获得新一轮巨额融资……如果所有获得融资的企业都以滴滴出行的烧钱模式为榜样，分享经济下的各大企业必然会历经与其他 O2O 平台近似的命运："烧钱"，让平台的品牌知名度节节攀升。

分享经济更容易形成"万众创业"的新局面，各种玩家云集，平台规模性价格补贴可以使自己在众多平台中形成低价优势。而低价对一般消费者具有"致命诱惑力"，所以产品或服务能够迅速吸引消费者注意，并促进其产生购买决策，这就大大提升了订单量。同时，也使品牌在众多竞争对手中脱颖而出。

从一定意义上来说，"烧钱"确实能让分享经济下的 O2O 平台风光无限，但这种模式也使一大波危险正在逼近。分享经济企业更容易依赖资本，一旦钱"烧完"便难以为继。目前企业比拼融资额、"烧钱"速度、"烧钱"力度，而分享经济规模庞大，产品众多，需要更多的钱去填补"无底洞"，最终会导致大部分企业家家财万贯全烧尽，最后只能"引火自焚"。

不可否认，"烧钱"补贴确实是改变用户习惯的最快捷方式，但分享经济下的 O2O 企业必须学会如何"烧钱"，比如：明确分享经济平台的特点；把补贴看作重要途径，而非唯一途径；把资金用途细化、策略化；解决用户痛点，完善产品，升级原有渠道，实现跨界营销，加大品牌建设……总之，就是要"把钱花在刀刃上"。

一、普及并让大众践行分享经济

目前，分享经济的概念虽然已经被众人熟知，但它的用户数量依然不多，而分享经济又一直践行"无规模不经济"的市场规律，因此只有将千千万万个商家和用户拉进分享大潮，才能保证产品的丰富性，满足用户千奇百怪的需求。

想要落实到企业，就要花钱、花精力、花心思去宣传分享经济的概念，例如：私家车资源浪费的“可耻”，滴滴、快的“变废为宝”，阿姨厨房让“阿姨们”的高超厨艺有了用武之地，木鸟能让“第二职业”房东更富裕，以“先富带动后富”的办法将更多的亲朋好友带入民宿短租行业。

概念的普及和实践虽然不能一步到位，但只有大方向正确，才能保证分享经济迅速发展。

二、了解用户、完善产品

一直以来，用户和产品都是企业赖以生存的基础，用资金铺垫好奠基石，企业必然会迎来发展新高潮。

C2C（个人与个人之间的电子商务）平台，用户包括 C 端商家和 C 端用户。企业要解决两端线上、线下的体验问题，完善产品的过程自然也就变得异常复杂。想要解决两端问题，不仅要花钱造人才、育技术、重创新，还要努力挖掘 C 端用户的需求和痛点，联合 C 端商家做好保险、安装科技智能设施等措施，打消用户“有风险”“不安全”“不信任”等顾虑；更要在线上浏览、线上预订、销售服务、支付方式等细节上完善平台体验，把关在线下体验前、体验中及体验后的各环节。

分享经济 O2O，只有做好用户调查、完善产品体验，才能把分享做大、范围做广。

三、升级现有渠道，同时跨界

非洲有句古谚语："想要走得更快，请谨慎独行；要想走得更远，请结伴而行。"这就告诉我们，要想升级现有渠道，就要学会跨界营销。对分享经济下的各大 O2O 企业来说，同样如此。O2O 范围广阔，不同的细分领域都有着不同的营销推广方式：有些注重 B 端或 C 端商家，有些注重 C 端用户。可是，无论是哪个细分领域，都坚持这样一个观点：C 端用户基本无法控制，推广、补贴应该集中放在 B 端或 C 端商家，要联合商家渠道一起做大。

下一波浪潮的成功要素分析

在女人身上，总是伴随着这样一个问题：衣柜里已经塞满了衣服，但参加聚会时依然觉得没有衣服穿。Rent the Runway 帮他们解决了这个问题：从顶级设计师那里购买衣服，再以售价 10%的价格租给用户。

Rent the Runway 是美国一家在线服装租赁平台，创立于 2009 年 11 月，创始人是詹妮弗・弗勒斯和詹妮弗・海曼。该公司起步于电商，之后在纽约、芝加哥、拉斯维加斯等多个城市开设了线下实体店。2014 年公司获得 6000 万融资。

Rent the Runway 坚持的理念是：要想感受一款样式新颖的服饰，不一定要建立在拥有它的基础上。服饰租赁模式吸引了众多现代年轻人的注意力，让他们更习惯于分享。

分享经济的出现满足了人们多样化的需求。而不论是在服装租赁行业，抑或其他行业，分享经济要想获得成功，就必须要从以下几方面努力。

一、努力挖掘资源

分享经济使用的是闲置或盈余的资源，因此要想成功，首先就要努力挖掘可以被利用的资源。这需要从以下三个要点出发进行评估：

要点	说明
充裕性	资源充裕，其被闲置或能盈余的概率才会高，才能进行分享
稀缺性	资源绝对充裕，但相对稀缺，存在流动性稀缺与信息不对称稀缺的情况
标准化	能找到充裕而又相对稀缺的资源作为切入点，可以启动一个项目；但如果要将项目运作下去，还要制定一定的标准

二、激发网络效应的平台

互联网模式下的平台创新开始于 eBay 网站，将买卖双方有效连接起来，让他们直接进行交易。在当下的分享经济时代，平台模式迎来了更好的机会，供应与需求的连接被无限放大，一边是闲置资源，一边是需要资源的人，供需在平台上循环往复，必然会释放出惊人的能量。因此，分享经济要想获得长远发展，就要提供能够激发网络效应的平台。

三、获取用户，达到引爆点

平台建立后，需要不断地吸引用户，促进用户规模不断增长。只有用户达到一定的规模，才能达到引爆点。这样不仅会大大降低平台自身发展的不确定性，还会降低从其他地方转移用户过来的成本。

那么，究竟如何获取用户，从而达到引爆点的规模呢？用户群被引爆后，又该如何绑定用户，防止他们流失呢？

1. 在供应方面，可以采取传统的地面推广方式，积累第一批种子用户，并逐步扩大；还可以使用高科技的手段，比如：爱彼迎在发展初期就使用了增长黑客策略，充分利用了一些已有平台资源。

2. 在需求方面，除了大家众所周知的口碑营销、消费者互相推荐外，还可以利用免费试用、激发好奇、沉浸体验、设置场景加速器等策略。

一旦用户数量发展到一定规模，用户绑定就成了主要问题。而要想实现这一点，就要努力提高用户的转换成本，封闭用户流失出口，打造好的口碑，构建卓越的用户体验，增加用户的归属感。

四、围绕平台建立社群

最有效建立用户归属感的方式是：围绕平台建立社群，在用户间产生互相依存的力量，并让用户感觉到自己能在这个群体中发挥影响力。当然，要想建设社群，就要从下面三方面做起：

1. 有共同的志趣和价值观。用户群需要具备极强的归属感，通过共同的兴趣和价值观将大家联系到一起，形成社群的中坚力量；成员之间必须构建一种亚文化，明确价值观，态度一致；认真贯彻社群规则。这样，成员不容易流失，还能带来更多的用户。

2. 线上线下合二为一。不但要做好线上，还要将线上与线下结合在一起，加强线上与线下的互动，促进二者协同发展。

3. 良好的管理与运营。只有好的管理和运营，才能使社群的发展与企业的整体发展保持一致。缺少管理的，是群众；只有具备管理与运营保障，才是社群。

五、维护基于信任的秩序

调查显示，尽管有超过 80% 的被调查者认为分享经济可以让生活变得更美好，但也有 69% 的被调查者认为信任可能是一个问题。因此，构建分享经济世界中的信任感，是促进其成功商业化过程需要解决的基础问题。

六、满足供需高效的匹配

分享经济的资源所有权在底层，而资源使用权在表层。在商品上私有，但在服务上变为公有，就很容易造成供应和需求的信息不对称。

分享经济可以在极大程度上扩展供应的网络，可以盘活闲置的资源，给需求者提供选择，这就是经济学上所谓的“稠密市场”。同时，稠密市场也有一个很大的问题——市场拥塞。

此外，在交通出行、物流递送等领域，供应者或需求者还处于一个移动状态，甚至在某些小范围内需求严重大于供给。如何定位需求，最快地供应是供需关系配对遇到的一个巨大挑战。

下一个最热的分享领域在哪里

分享时代已经来临。

过去，自由职业者曾是很多人羡慕的对象，在家办公，不用赶地铁，不用挤公交，不用淋雨，不用日晒……可是如今却遇到了很多问题：手头有很多工作还没有完成，却总想着洗个澡；长时间盯着电脑，就像是身处与世隔绝的桃花源，家人不理解，熊孩子总是吵闹……为了改变这一状况，瑞典兴起了一种“到陌生人家中办公”的新模式。有些人会把自家空余房间拿出来与人分享，只需提供WiFi，一个可供打电话的房间，一间小的会议室，以及打印机和扫描仪等办公设备即可。从最初的完全免费，到需要为房主分担水电费，再到完全商业化，如今的“到陌生人家中办公”已经蔓延至北美、澳洲和日本等地。

分享经济浪潮下，这种场景已经相当普遍：有人对自己家里空余的房间进行装饰布置，成为旅游者的临时住所，广受欢迎；有人在自己的厨房里做饭，再以较低的价格卖给忙碌的上班族，结果订单供不应求；有人将自己擅长的技艺分享给他人，获得许多关注，成了专家……这些看似普通的联系，都产生了实实在在的价值：供给方得到了额外收益，需求方则以更低的价格得到了产品或服务。这就是分享经济。

分享经济的一个首要条件，就是要有闲置的资源。这些资源，可以是实实在在的物品，也可以是能够利用的私人空间。当然，还包括劳动力和技能，以及经验、知识和创意。

在刚刚出现的时候，分享经济主要涉及交通出行和住宿领域，随着分享经济的广泛渗透，如今已经拓展到多个细分领域。可以预见，这股已经影响了数亿人的分享经济风潮，必然会促进中国经济实现动力转换，把服务业变成经济增长的主引擎。

那么，分享经济的下一个大趋势在哪里呢？

一、分享生产设备

阿里巴巴的淘工厂是一个连接商家与工厂的平台，其运作模式是：用户找到淘宝商家，将生产需求发布在网络平台；供方工厂将自己可以接单的产品类型、剩余产量发布在平台上，供需双方进行双向选择。

淘工厂的分享模式主要解决了商家短时订单的制造需求，一方面帮助商家解决了找服装加工厂难的问题，另一方面通过分享工厂闲置生产线的模式，提升了工厂的生产效率。

广东是中国服装生产和出口大省，截至 2015 年 1 月，已拥有 4000 多家广东工厂加入到了淘工厂的平台中。蓝树叶服饰公司是广州一家服装生产加工企业，拥有 2 条生产线，70 多台机器，依靠传统客户资源，生产线利用率大概只有 50%~60%，且生产周期不稳定，在 6~8 月即服装行业销售淡季时，企业生产线几乎处于停工状态。但通过淘工厂平台，将生产线空闲档期提前发布在网络平台，客户资源遍布全球，真正做到了“生产淡季不淡”。

二、分享科研人才、实验服务

在科研领域，一台专业的仪器设备要花费十几万甚至上百万，对刚刚建立的企业来说，则需要花费更多的购机成本，而且所产出的数据结果的使用率可能也不高。并且每年都要支付高额维护费、运转电费等，如果能够在空闲的时间将设备租用出去，不仅能够提高效率，还能获取收益，填补运维开支，这就是分享科研仪器的平台兴起的由来。

易科学是一家科研仪器分享和实验交易互联网平台，对接科研仪器供需双方。在该平台上，用户注册登录后，便可以搜索、预约平台合作机构的科研仪器，也能够发布实验需求。目前，平台已累计聚集了 13 万多台（套）仪器设备的信息，为数百家企业和几千位研发人员提供服务。在“仪器资源库”中，仪器的所属单位、基本功能、联络人的联系方式都一查便知。

除了分享科研仪器设备，易科学还在探索研发人才、实验服务领域的线上交易平台。随着平台用户数量的逐渐增多，还将提供一些其他服务，比如：科研咨询，研发合作项目等。

三、分享知识技能

2016 年 8 月，猪八戒网开展了“八月八免单日”活动，官方数据显示：8 月 8 日当天，助创免单 10 万，助创红包 1 亿，助创企业 10 万，助创服务品 600 类，联动平台服务商 10 万，百度指数 15329，突破历史新高。俨然是开门红！

中国与欧美分享经济的不同及其带来的启示

关于中外分享经济的不同，我们先来看两个例子。

案例 1：

2017 年春节前后，杭州图书馆推出了借书 APP——悦读。扫码之后，如若图书馆未存有所需图书，或者还没有达到馆藏量，人们就能够直接在新华书店把新书借回家。书钱由图书馆支付。个人读完之后，如果有朋友想借，只需当面扫码，就可以在线下朋友圈流转，最后再还到图书馆。仅一个月，杭州人就直接从书店“借”走了 2.5 万本书。

这个创新已经成为当下中国分享经济大潮中的一个标杆。和房子、车子相比，图书的个头比较小，但依然微妙地体现了分享经济的精髓“羊毛可以出在牛身上”。图书馆把原本需要员工执行的工作，如选书、购书、传书，通过网络，巧妙地外包给了大众，让大家在享受便利的同时成为了便利的推助力。

将这个原理放大就是整个新经济的核心：通过互联网，把终端用户引入产业链的产品设计、开发、原料采购等前置流程，以及仓储、批发、运输和零售等后续环节，借助终端消费者的帮助，完成一些本该由产品提供方、生产方花钱或资源才能完成的事情。

案例 2：

路易斯·安是美国卡内基梅隆大学的一名博士生，同时他也是一名极客。2002 年，路易斯发明了一个验证码 CAPt CHA（全自动区分计算机和人类的图灵测试）；只要用一排奇形怪状的字符，就可以判断当下程序的使用者是人还是机器，可以有效防止机器注册、刷机等恶意行为。

这时，《纽约时报》正面临一个令人头痛的任务——打算将 100 多年的往期报纸全部电子化。路易斯发现，每天全世界都有几亿个验证码在被校验。他灵机一动，把《纽约时报》的文章切成很多小片，当作验证码发给全世界，结果每个人在使用验证码时就帮他完成了报纸文章的输入和校对。

没有聘请任何打字员，在众多网民的帮助下，路易斯将《纽约时报》上百年的报纸电子化。2009 年，公司被谷歌收购，这项技术被运用于谷歌文库的扫描，网民也成了谷歌的免费校验员。一个比书还小的验证码，却成就了一笔大生意。

比较以上两个例子，美国分享经济发展对中国发展分享经济的启示主要有以下几点。

一、分享经济在中国发展前景广阔

分享经济是一种资源节约与生态友好的发展模式，跟中国政府大力发展的循环经济有着异曲同工之妙。中国人口众多，闲置资源丰富，分享经济拥有巨大的发展潜力。

二、分享经济与其他平台经济要区别对待

分享经济是平台经济的特例，看中的是大众间分享闲置资源，与对接专业提供者的普通平台经济有着本质区别。大众是闲置资源拥有者，他们用自己的闲置资源对接智能平台，为客户提供相关服务，并不是专业的供应者。这有着特定的含义，并不是一种简单的“对等”或“人对人”，否则会模糊分享经济与普通平台经济的界限，还会容易引发不必要的争议。

三、分享经济发展要鼓励创新

分享经济之所以会最早出现在美国旧金山，这与硅谷的创新文化有着密切联系。硅谷人的口头语是“不要请求允许，但求宽恕”。他们不受现行规则的约束，敢于尝试，立志于颠覆现行做法，善于修改规则。优步与爱彼迎等分享经济的代表，一方面获得了野蛮式成长，一方面也在不断实现着创新。

四、分享经济发展要因地制宜

城镇中的闲置资源一般都比较多，流动人口多且集中，分享闲置资源比较容易，分享经济也就成了一种城镇现象，体现了城镇特色。各地差异较大，要坚持因地制宜的原则，发展出具有本地特色的分享经济。

发展分享经济，虽然可以借鉴经验，但不能照搬，尤其是宿行类分享经济，更要根据中国的国情探索出更有特色、更为可行的模式。如今，三口之家是城镇家庭的标配，随着孩子的逐渐长大，“空巢”必然会成为越来越普遍的现象，而空置房间则是重要的资源，由此发展出独具特色的食宿类分享经济，不仅可以获得分享经济的普适效应，还能有效解决空巢问题。

另外，在北京、上海等大都市，交通堵塞是一个普遍现象，空气污染更为严重；车辆出行，不仅要限车牌，还要限行，只有创造出适合本地情况的出行类分享经济，才能让闲置车辆得到分享，以有效缓解交通问题。

案例：盘点全球分享经济渗透的九大领域代表性公司

从 2000 年出现的分享出行企业 Zipcar 到今天，全球已经出现了 10 万多个分享经济公司，他们通过为消费者提供不同的服务，对人们的生活和消费方式产生了深远影响。

一、分享出行

与出行相关的第一家分享经济公司是 2000 年成立的 Zipcar。2012 年 1 月，Zipcar 公司已经拥有 76. 7 万名会员和 11000 多辆车，业务遍布美国、加拿大、英国、西班牙和奥地利。2013 年 1 月，汽车租赁服务公司 Avis Budget Group（安飞士 · 巴基特集团）收购了 Zipcar。

目前，在全球范围内，分享出行行业比较有代表性的企业是优步，其被称为分享经济鼻祖。除了分享汽车外，还有其他交通工具的分享，包括自行车、游艇等。

二、分享空间

提到分享空间，就一定要提爱彼迎。爱彼迎成立于 2008 年，是一家在线短租分享公司，目前平台上已遍及全球 190 多个国家和 34000 个城市，有超过 40 亿间房源。虽然成立不足 10 年，其市值已经超过了万豪、喜达屋等酒店业巨头。

除了在线旅游短租市场，企业办公方面的分享模式也在发展之中。比如：WeWork 公司用较低的折扣价将某写字楼的若干层租下来，然后将办公场地划分成许多小块，出租给初创企业和小公司，之后向他们收取会员费。这一方式灵活，满足了小公司的办公需要。

三、分享资金价值

作为一种有限资源，供需双方都对资金有着不同的诉求点，需求方或贷款方希望有更多的资金来源；而借款方则希望自己手里的资金能够获得更高的收益。

传统的资金配置机构是银行，银行将分散的储户资金吸纳进来，然后以更高的利率贷给有资金需求的企业或个人，获取差价。在这个过程中，银行就是搭建在供需双方之间的最佳桥梁。随着互联网技术的发展，许多平台将闲置的资金分享给他人，并获取收益，于是就有了 P2P 平台。

四、分享知识和教育

分享认知的早期企业大多是非盈利性质的，最有代表性的两个分别是维基百科（Wikipedia）和 TED，国内的知乎也是分享知识的一个代表性平台。

另一类知识和认知的分享则更侧重于教育体系，就是大型开放式网络课程（MOOC）。世界上比较知名的 MOOC 有两类：一类是以名校为背景的 MOOC 平台，以 Coursera、Udacity 和 EdX 等公司为代表；另一类是以 Udemy、Lynda 等公司为代表，任何人都可以成为讲师，只要你知识丰富，充满热情，又乐于传授，那么就可以通过这个平台来实现愿望。

五、分享饮食

吃，是人生的第一大事件，遍寻美食、尝遍美食更是很多美食爱好者追求的人生境界。当美食遇到分享经济时，又会发生什么有趣的事情呢？

成立于 2010 年的 EatWith 公司，被一些媒体称为美食领域的“爱彼迎”。EatWith 最初是为那些游客寻找最地道的本地美食（主要是家庭美食）的软件。在 EatWith 应用上，你可以选择成为主人，然后设计菜单，布置餐桌，开一个饭局，接受吃货们的订单。你可以是米其林三星厨师，也可以是一位精于烹饪的家庭主妇。

六、分享医疗和健康

在分享经济的世界里，医生的专业知识和能力是大多数人所需要的，而如何将医生和患者对接起来，则需要借助移动互联网的力量。

洛杉矶有家叫 Pager 的公司，其应用面向非急救病人，是一家为纽约市内患者提供早 8 点~晚 10 点“按需医生服务”的远程医疗公司。患者可以把医生叫到家里或办公室进行诊治。

同样，如果你想找个教练，上一节瑜伽课或者有氧操，就可以使用 Vint 应用。发布者发布很多私教老师的课程内容，你可以从上面挑选适合自己的课程，并报名。上课的地点不一定在健身馆，也可能在城市的其他场所，如公园、广场等。

七、分享物品

物品分享，是最早就出现的分享形态。国外在研究分享经济时，普遍将 eBay 等网站看作是早期的分享经济形态。eBay 网站，主要是为供需双方提供了一个第三方平台，方便两端的用户进行物品交易。物品分享主要是图书分享和服装分享：

1. 图书分享。三个美国大学生一起创办了 Chegg 网站。刚成立初期，公司名为 Cheggpost，定位是做大学校园里的 Craigslist（全美最大的分类广告网站）。2005 年，公司改变了发展方向，为在校学生提供教科书租赁服务，2007 年公司更名为 Chegg，于 2013 年在纽约证交所上市。

2. 服装分享。美国公司 Poshmark 成立于 2012 年，目前的在售商品有 100 万件，既有 25 美元的快时尚服装，也有 5000 美元的奢侈女包。只要登录这个应用，就可以将自己想要出手的二手衣服和包袋等物品的照片上传；同时，添加相关介绍，包括原价、出售价格和尺寸等，等待有需要的人来购买。

八、分享公共资源

2012 年纽约科技创新博览中，出现了一个树状公司标识，此标识来自 Open Garden 公司，因为这个标识，这家公司被评为“最具颠覆性的创新公司”。只要在手机、平板电脑、PC 等设备上安装 Open Garden 的应用，它们就变成了一个 WiFi 热点，相互连接在一起，就会形成一个庞大的 WiFi 网络。更不可思议的是，只需在一台设备上连接了网络，其他安装了此应用的设备也能自动连接到网络。

九、分享技能和服务

分享经济的出现，为提供各种服务搭建了平台。提供的服务，可能也包含一些微不足道的小事，如送东西，跑腿，修理东西等。只需注册，就可以在网站上发布工作内容，然后让他人来领取任务；完成任务后，这些人就能获得相应的报酬。

第 2 章

实现智慧出行的商业变革

创新、颠覆、便捷、低花费，分享出行如何培养了十亿级的用户量？

滴滴、优步、快的，搅动了整个中国市场的“分享汽车”是不是个好生意？

共享单车、电单车、电动汽车，哪个才是用户心里的下一个“真命天子”？

交通出行分享发展历程与现状

不知道从何时开始，街上出现了众多醒目的无桩共享单车——“小黄车”。如果你想骑自行车，只要下载安装 APP 然后对着车上的二维码扫一扫或输入车牌号，就可以成功解锁，将自行车顺利骑走。

作为一种新型有效的出行方式，共享单车有着极强的便捷性，成功征服了使用者的心。目前许多“小黄车”已经“骑”出校园进军城市，在北京、上海等地区运营，成为城市的一道靓丽风景。

“小黄车”投入城市，不仅有效解决了城市交通拥堵的问题，而且绿色出行，节能减排。“小黄车”正在影响并改变人们的生活方式，使用“小黄车”不仅节约了上班族浪费在路上的时间，还可以锻炼身体，是一种时尚健康的出行方式。

随着共享单车成为绿色出行的新潮方式，摩拜、ofo、小鸣、优拜等共享单车品牌逐渐风靡全国。

ofo 强调“使用而非占有”的分享经济理念，采用私人自行车分享，不用花费新车采购的高成本，简单改造后，便可以立刻投入使用；用户分享自己的单车到 ofo 分享平台，还可以获得 ofo 分享单车的终身使用权。

ofo 平台并不提供固定停车位和锁柱，共享单车可以停放在任意可停放的区域，用户不用办理租车卡，注册、租用、支付等流程都可以在微信或客户端上轻松处理。

其实，共享单车也仅仅是日渐兴盛的分享经济的一个缩影。所谓交通分享，指的是：在分享经济的大背景下，依靠互联网平台，整合社会闲置车辆、车内空间或驾驶技能等资源，充分利用大数据，实现供给与需求的高效匹配，达到智慧出行的效果。其影响范围较广，活跃程度较高，备受消费者喜爱。

一、发展历程

从 2010 年至今，交通出行分享共经历了三个阶段：

阶段	特点	说明
起步	原力觉醒	2010 年 9 月以来，基于 LBS（基于位置服务）技术的移动互联网出行服务开始迅速发展，成立了 10 多家各类大中平台，呈现出百花齐放、蓬勃发展的态势
竞争	高手过招	2013 年起，开始大规模洗牌，在投资公司、互联网巨头的资本支持下，各平台间发生了多次用户争夺战，最终两大平台——滴滴和快的联合胜出
分化	一超多强	经过竞争洗礼，形成了“一超多强”局面。滴滴、嘀嗒、易到、神州和优步成为融资额达 10 亿美元的主流平台。其中，滴滴以 165 亿美元估值、2. 5 亿用户成为业内的“超级平台”

二、发展现状

随着共享经济的发展，交通分享的服务类型快速拓展，运营模式也不断迭代创新。根据平台、车辆及司机的关系，服务类型共分为 P2P 和 B2C 两大运营模式。

1. P2P，即个人车辆或司机接入互联网平台，平台不仅为他们提供信息对接服务，还会对他们进行安全审核及培训，并提供相应的保险。

2. B2C，即平台拥有车辆、职业司机，接到消费者出行需求后，指派专车为他们提供服务。

交通分享领域目前基本形成“一超多强”的格局。滴滴凭借其“一站式”模式成为交通分享领域代表性企业。在其他细分市场，一些平台凭借自身特色也获得了市场认可，如神州专车、友友租车、车纷享等。

三、影响分析

分享经济的发展不仅增加了交通出行领域的有效供给，还在一定程度上改善了城市出行服务的供求关系，促进了出行市场的扩展与完善。

1. 改善出行供给，增加收益。通过对需求和供给的匹配，交通出行分享有效缓解了出行信息不对称的局面，缩短了车辆空载时间，为供给方增加了额外收益。在春运等出行高峰时期，交通分享还是一种重要的补充运力。

2. 推动绿色消费，合理配置。交通出行分享平台可以按需配置出行资源，提升车辆使用效率，不仅有效缓解了汽车保有量过快增长的问题，还解决了道路拥堵等问题。有些平台甚至还主动引入新能源车辆，使出行更加绿色、低碳、环保。

3. 倒逼市场改革，提升服务质量。较完善的配单机制和服务评价体系，倒逼交通行业尤其是出租车行业进行改革，充分体现了“互联网+”在交通出行领域中的创新应用对传统消费的积极影响。

4. 促进消费、就业，形成新增长点。在供给与需求的相互作用下，交通分享消费总量和从业规模不断扩大，这有利于推动分享经济发展，促进就业并形成新的经济增长点。

四、问题与挑战

交通分享的发展并不是一帆风顺的，从其诞生之日起，就面临着一系列内外部的问题与挑战。

1. 内部问题——服务管理水平有待提升。交通分享吸引大量司机进入行业中来，但其服务能力参差不齐，个别司机“刷单”套取补助现象时有发生，P2P 租车也面临着车辆损失甚至被恶意抵押等诚信风险。

2. 行政壁垒——与现行法规政策相抵触。P2P 服务与现行交管法规政策存在一定的抵触。自 2015 年以来，交管部门对有关车辆采取了很多措施，10 月 10 日，交通运输部公布《网络预约出租汽车经营服务管理暂行办法（征求意见稿）》，其中强调：任何企业和个人都不能为未取得合法资质的车辆、驾驶员提供信息对接服务。这对交通分享的实施造成了一定的挑战和困难。

3. 行业壁垒——出租车行业的排挤抵制。交通分享瓜分了传统出行服务行业的“蛋糕”，因而招致了质疑与反对，针对专车的罢工罢运或围堵平台办公场所等事件时有发生。

“互联网+”交通出行分享是大势所趋

关于“互联网+”交通出行分享，这里举两个例子。

案例1：

优步是引领出行方式变革的鼻祖，成立于2009年，是一家美国创业公司，它创造性地通过互联网平台将闲散的私家车资源聚合在了一起，为人们提供叫车服务。

优步秉持“让每一辆汽车都可能成为出租车”和“让每一位司机都可能成为出租车司机”的理念，在全球范围内掀起了一场分享经济的热潮，分享经济是互联网时代提升社会资源利用效率、降低社会运行成本的有效途径。

从2012年开始，优步大规模推动全球化布局，先后在北美、欧洲、亚太和非洲提供叫车服务，2013年8月进入中国市场。依赖先进的商业模式和优质的服务理念，如今的优步已经成功进入全球58个国家和311座城市，在全球拥有超过100万的司机。

从2012年初开始，“互联网+”交通出行的创新热潮蔓延到中国，诞生了一批本土企业。其中，在市场竞争中成长起来的滴滴出行已经成为中国互联网出行服务领域的领导者。

2012 年，滴滴出行出现在北京中关村，之后逐渐向出行方式多样化转变。截至 2014 年，滴滴专车已经覆盖北京、上海、广州、深圳、杭州等 16 个城市，日订单多达 15 万，滴滴打车每天都要为 1 亿多的用户提供召车服务。

案例 2：

哈罗同行是由常青竹（北京）科技有限公司推出的一个项目，2014 年 1 月上线，主要为都市上班族解决了高峰期出行难的问题。运营路线主要有三种形式：哈罗拼车、哈罗班车和哈罗摆渡车。用户只要下载 APP 就可以提前预订。

同年 9 月，哈罗同行开始在北京回龙观地区运行，为附近的上班族提供社区摆渡车服务，随着第一条定制班车线路“回龙观—苏州街”线的开通，开启了“哈罗就是班车”的新阶段，成为社区和通勤同行社交互助的新平台。

2015 年 7 月，哈罗同行与探路者旗下易游天下、绿野网达成战略合作，开始正式实施“5+2”战略，在互联网出行领域对共享经济进行深度挖掘。

所谓“5+2”模式，即工作日 5 天通勤班车+周末 2 天周边游旅游用车。这种业务组合可以有效提升车辆的使用率，减少资源浪费。哈罗同行是全国第一家互联网班车平台，大巴车资源丰富，但车辆平时执行通勤任务，周末就会严重闲置。而周末旅游市场潜力巨大，因此工作日 5 天的通勤班车在周末 2 天可以开展旅游用车业务。

哈罗同行和易游天下、绿野网的这次战略合作，最主要内容之一就是哈罗同行为探路者户外旅游业务提供具有互联网基因的、舒适优质的大巴车服务。

当然，除了车辆服务合作之外，哈罗同行还与易游天下、绿野网进行了联合营销。借助哈罗班车平台的用户资源，探路者能够以最快的速度激活目标客群的旅游市场需求，扩大整个周末旅游市场。双方的联合营销有助于强化双方用户的参与感、体验感和活跃度。

如今，“互联网+”已经渗透到汽车等交通领域，形成了用户出行的新市场，实现了交通运输新业态的创新。这些应用的出现，减少了乘客打车的等待时间，降低了出租汽车的空载率，缓解了城市的交通拥堵。

一、分享模式带来新机遇

交通出行分享在国内外都引起了广泛关注。分享模式的出现，必然会给人们的交通出行带来新机会。其积极作用主要体现在：

1. 优化城市交通结构。未来城市的交通出行结构，不仅需要根据城市的经济水平、产业结构、功能布局规划、交通出行供需现状等特征进行合理配置，还要利用移动互联网平台实现社会汽车资源的分享，不断优化城市交通结构。

2. 减少私家车拥有量。研究表明，在欧洲每辆分享汽车可以减少 4~10 辆私家车的拥有量，在北美可以减少 6~23 辆，在澳洲可以减少 6~10 辆。调查显示，随着专车移动出行服务的快速发展，2015 年，中国上路行驶的私家车一共减少了 1000 万，城市日平均拥堵时间比 2014 年下降了 28. 1%。

3. 保护自然环境。研究表明，汽车分享服务可以大幅减少汽车行驶里程数。汽车空载率每降低 10%，就能减少约 364 万吨碳排放量，相当于 3 亿棵树的全年生态补偿量。

4. 助推大众创业。分享经济颠覆了企业所有与个人消费的产业模式，使每个人都可以同时成为消费者和生产者，为人们提供了增加收入的条件，推动了大众创业。

2015 年 1 月对滴滴专车司机进行的一次抽样调查的结果显示：专车服务的出现，不仅创造了 12.1% 的就业机会，还在一定程度上改善了司机的生存环境。仅用了几个月的时间，滴滴专车就创造了 10 万个就业岗位，实现了大众创业。

5. 提供管理全新手段。互联网平台可以利用大数据及信息技术对车辆和司机进行科学管理，能较好地防范风险和保证服务质量，减少了“黑车”的出现。首先，对车辆和驾驶员的准入有了严格标准和要求；其次，对车况、行驶里程、保险方面也做了严格限制；最后，对驾驶员驾龄、业务技能、专业素质等也制定了标准和要求，为安全运营提供了必要条件。

二、交通分享的大趋势

未来，交通分享业务规模和影响范围必然会进一步扩大，参与主体与服务内容将进一步丰富，创新科技水平和管理服务水平会进一步提升，具体表现见下表。

表现	说明
市场规模扩张化	在高人气和快速发展的技术支持、日新月异的迭代创新以及持续升温的资本热捧下，未来交通分享市场的用户及覆盖城市的数量必将持续扩张
参与主体多元化	未来交通分享将展现出更高水平的包容性，吸引更多不同地域和年龄的用户参与其中。一些有远见、有魄力的传统出行公司也将尝试加入交通分享的行列
服务内容多样化	未来的交通分享将进一步扩展维度并延伸服务链，开展停车、加油、洗车、保养、保险等方面衍生服务，进行更多跨界合作与创新
运行车辆环保化	使用新能源汽车成为交通分享的一大趋势，目前已经有诸多平台努力提升新能源车辆的比例，未来这一趋势将更加明显

智慧交通出行模式

在“互联网+分享”的影响下，智慧出行时代逐渐向我们走来。

基于大数据的人工智能掀起了一场移动化的新科技革命，不仅让人们的出行和生活方式出现了颠覆性变革，还产生了广泛的社会影响。截至 2016 年 9 月，百度地图占据了超过 70% 的市场份额，数据覆盖全国所有城市，采集里程超过 670 万公里，拥有 4500 万个 POI，具有 7 亿多张全景照片。

百度地图不仅深耕国内地图服务，还将自己的注意力投射于海外，先后在亚太、欧洲、南美等国家和地区上线，实现了刷支付宝坐公交、购买地铁票、缴纳高速通行费等功能，有效解决了现金找零的问题。

长久以来，人们使用出租车一直沿用传统的“招手即停”模式。而这种“随机算法”已被以云计算更智能的算法所替代。

不断涌现的创新模式，不仅带来了交通出行或货物运输方式的改变，还给政府的管理方式提出了巨大挑战。人们的出行越来越强调个性化，越来越强调满足个人需求。人们可通过手机获取更多信息，城市管理者通过大数据分析，就可以了解每个人的需求，创造出适宜的交通体系，更好地满足人们的出行需求。

优步的出现，让全世界的出租车行业为之震动，紧接着顺风车、代驾等新的“创新”又接踵而至。目前，许多和数据有关的技术应用已经开始产生价值，对于滴滴来说，大数据应用正是托起智能出行这盘棋的重要手段。

有位北京市民在微博上写下了使用某拼车软件后的感受：“5 秒就接单了。第一次使用，点了双人拼车。司机路上还拉了两个人。从香山的摄影工作室到大郊亭的花艺工作室，才花了 9 块 9 毛钱。”

有的网友第一次使用拼车软件当车主，收入 13.2 元钱，并在微博上晒出了收入和乘客对她评价的截图。

开车上下班的路上多载一个人，成本几乎是零。多载一个人就是分享你的座位，对方付钱就是经济。这对双方都有好处，也能够减少道路拥堵。

除了分享车座位，还可以分享用车时段，可以时租、日租或常租，利用互联网把自己的身份证、驾驶证上传至 APP，通过服务平台享受全程自助的 24 小时服务。

2015年，绿狗租车仅分时租赁一项，就实现了5万人次的出行，行驶了242万公里，节省了19.36万升汽油。

一、“互联网+”交通出行模式的特点

1. 涉猎各类型

出行类应用分为不同类型：打车、租车、代驾、拼车、专车等，通过各自不同的功能为用户提供多种方便、快捷的出行模式。

（1）租车行业“互联网+”发展模式。

模式	说明
P2P 租车	P2P 租车是分享经济在汽车行业的应用。车主可以通过这个平台将闲置车辆或者自己的汽车在规定限制的时间段内分享给其他有需要的人。车主获得租客的费用，P2P 租车网站获得分成。在美国，这一模式的践行者是 RelayRides、被它收购的校园 P2P 租赁平台 Wheelz，还有它的对手 Zipcar。在中国则有 PP 租车、神州租车等
B2C 租车	B2C 租车是一种重资产的传统租车生意。传统的租车公司都属于 B2C 模式，租车公司自行够买车辆并建立线下门店完成租车服务。神州、一嗨、至尊都属于传统的 B2C 模式

（2）代驾行业“互联网+”发展模式。现阶段，国内市场的代驾类 APP 有二三十款，同质化非常严重，资本进入也非常缓慢，所以还没有出现某一个或两个巨头占领大部分市场的局面。而多数 APP 的发展模式也比较类似，通过 LBS 定位使得用户找到就

近司机代驾，按照公里数和时间等进行线下或者线上计价，最后所得的收益由司机和平台分成。

各个 APP 仅在补贴措施和分成比例上略有不同，此外并没有本质区别。目前看来代驾 O2O 的盈利模式很清晰，可是未来的发展前景依旧很模糊。

2. 考验层出

交通行业“互联网+”模式在向多元化演进的过程中也面临着诸多考验。

互联网的业务发展有一定的规律性——靠 KPI（关键绩效指标）发展业务，这本来是电信运营商的一大利器，也曾经被互联网公司耻笑，但在打车 APP 上，互联网公司却有着自己的思路。

补贴大战的初衷是获取更大的市场份额，同时培养用户的使用习惯，但这种习惯却是畸形的，违背了移动互联网业务的发展规律，互联网公司在打车软件竞争中抛弃了自己的原则。

与移动互联网业务一样，发展用户很容易，但要想找到可持续发展的商业模式，却需要花费很多的时间和精力。例如，打车 APP 从核心价值出发，解决的是司机和乘客双方供需信息不对称的问题，司机的主要诉求是增加接单量，用户的诉求则是更便捷，打车 APP 需要针对双方诉求进一步完善产品。

二、“互联网+”交通出行优势

滴滴打车等智能出行 APP 服务，已经让老百姓感受到了互联网的魅力。此外，通过智能核心“E CPU”的布局和更新迭代，打造除了日趋完善的云计算系统，突破了行业现有智能化水准，又为全行业开启了智能电动新时代。数据显示，在 2016 年春运期间，滴滴跨城顺风车一共运送了 190 万名乘客，相当于两千多列动车组的运量，相当于中等航空公司的承载规模。

“互联网+”为我们带来了一个全新的互联网时代，互联网信息技术、大数据、云计算等现代技术为传统交通管理向现代治理转变提供了更多的途径和方法，让人们的出行方式出现了全新变革，有效缓解了城市交通拥堵，也提升了城市的交通运行效率，提高了城市交通管理能力。这些为我们的日常生活带来了如下便利：

1. 坐公交车不用愁，WiFi 免费用

互联网为市民出行带来了许多便利。市民出行前可以先通过网站或手机 APP 查询规划乘车线路，还可以准确地查询到准备搭乘的公交车的到站时间，之后对自己的出行时间进行科学规划。如果不想挤公交，也可以通过网络定制一条巴士线路。

广州有很多家公交公司都在线上推出了“如约巴士”，具体操作模式是：公交公司根据乘客的出行需求，结合客流分析结果，设计巴士线路；市民可以通过 APP 购票，定制巴士一人一座，让乘客的出行更方便、更舒适。

另外，还有一个手机党的福音。现在，全国大部分城市的公交车都提供免费 WiFi，市民在乘车过程中都可以蹭蹭网、玩玩手机，这也有助于缓解乘客在塞车和拥挤时的焦虑与不适。

2. 打的更方便，闲置车辆资源被盘活

从 2013 年开始，滴滴、快的等打车软件盛行，用户量迅速增长。用户只要动动手指就能远程打车，提前预约好的士，再也不用站在路边等车了。如果遇到雨天，只要通过打车软件预订一辆的士，就能直接开到家门口……同时，出租车司机也能在第一时间知道离他们最近的乘客在哪里，完全可以脱离传统的“扫大街”方式来寻找乘客，这样，出租营运收入自然也就增加了，还能有效降低空驶率。

3. 红绿灯更智能，有效缓解交通拥堵

智能红绿灯系统建立在互联网技术的充分运用上，可以将路况信息及时反馈到调度中心。如果交通发生堵塞，信号灯就会自动调整，缓解因堵塞带来的交通压力。另外，安装的视频监控和支路卡口系统，还可以全面监控城区道路，形成实时视频图像。当在路口发生严重交通堵塞或者突发事件时，交通警卫就可以实现对路口的远程控制，实时监控视频。

4. 上高速不停车收费，通行更快捷

“ETC”是“Electronic Toll Collection ”的简称，即电子不停车收费系统。这是目前世界上最先进的路桥收费方式，运作模式是：通过安装在车辆挡风玻璃上的车载电子标签与收费站 ETC 车道上的微波天线之间的微波专用短程通讯，利用计算机联网技术与银行进行后台结算处理，车辆通过路桥收费站时，即使不停车，也能交纳路桥费。

目前，全国有 29 个省份开通 ETC 联网，办理 ETC 后，车辆缴费的时候就不用停车排队了，过站时间缩短到 3 秒左右，有效节省了时间。

5. 网上办理车管业务，车主不再跑断腿

借助公安部交管局构建的互联网交通安全综合服务管理平台，市民可以通过网页、手机 APP、短信、语音电话等多种方式在该平台实现交通违法网上处理、自主约考、机动车号牌预选号等业务办理。跨省违法处理、跨省异地年检、跨省补换领牌证等车管业务也都可以网上办理。

三、智能出行的三种主要运营模式

1. 以传统出租车为代表的租车模式

在众多 O2O、B2C、P2P 等公司中，汽车共享领域是最早被人关注的领域之一。有别于快消、文娱等轻资产，汽车共享首先面临的问题就是“信任”与“安全”。在完善商业模式的过程中，企业的推广消耗与行业起伏，让很多产品都在自己的构想完整铺开之前就在用户的口碑中谢幕。当众多企业都在思考活下去的方法时，PP 租车已实现每单盈利。

目前，互联网租车正在成为出行时尚。打开手机应用市场，用户就可以看到数款租车 APP。与其他产品不同，PP 租车所立足的模式是用户共享。通过线上技术，为闲置的私家车与租客之间搭建沟通的桥梁，用户可以以实惠的价格租到不同类型的用车。

PP 租车筹备于 2012 年 5 月，2013 年 8 月正式进入中国。开始的时候，PP 租车专注于私家车的租用服务。不仅让车主获利减少了养车成本，还为更多用户提供了快捷的服务。PP 租车运作了不到 3 年，就用“每单盈利”初步兑现了对用户的承诺。

PP 租车实现每单盈利，看起来似乎是互联网行业中的少数幸运儿，其实是深耕产品功能、为用户不断升级服务的结果。PP 租车认为，汽车共享实现的过程虽然比较难，但却可以让用户享受到更多的附加值。2016 年，PP 租车将 Slogan 全新升级为“开身边好车，过快乐生活”，决定在完善理性功能的同时，打造更好的产品情感。

PP 租车的大数据显示：平台用户集中在 80 后、90 后等城市新生代，他们对于汽车的理解和使用更为开放。如果购车者正好资金不足，PP 租车会为他们提供最好的出行解决方案。

PP 租车进入中国的第三年，注册用户超过百万，涵盖车型丰富，实现了每单盈利等多项承诺。目前，PP 租车已经进入到持续盈利阶段，不仅说明其商业模式是健康的，也为共享经济的发展建设迈出了重要一步。

2. 以滴滴为代表的专车模式

在专车模式中，平台不需要跟出行者签订复杂的租车合同，一般由专业的司机为用户提供出行服务，交易简单且服务质量可靠，但许多国家政府部门禁止私家车载客。

滴滴出行的前身滴滴打车和快的打车分别由北京小桔科技有限公司和杭州快智科技有限公司于 2012 年 9 月创立，经过两年多的竞争角逐，两家公司逐渐成为国内交通出行分享领域的“领跑者”，并于 2015 年 2 月实现战略合并。

升级后的滴滴出行，将发展愿景定为“打造中国人领导的全球最大的一站式出行平台”，其深入挖掘与应用大数据，有效整合了各类城市交通资源，以分享经济的模式，智慧匹配出行的供给和需求，有效消除了信息的不对称，提高了总体效率，降低了社会成本，让出行变得更加高效便捷。

滴滴出行采取线上网络预约及支付的方式，改变了消费者路边拦车、出租车“巡航待客”的传统打车出行情形，培养了移动互联网时代“按需出行”的交通方式。具体业务模式包括出租车打车软件、专车、快车、顺风车、代驾、巴士、试驾等。

目前，滴滴出行的主营业务，不仅包括为市场原有出租车提供网络预约服务，还提供专车、快车等类型的服务，很好地填补了租车市场运力缺口，为消费者提供了更舒适、便捷、具有差异化的出行服务。

滴滴顺风车于2015年6月正式上线，是城市分享交通出行的P2P平台，主要服务对象是通勤交通市场，位置相邻或相近的出行者就可以“搭伙”乘车上下班，分摊途中的油费、过路费等，减少个人投入；同时，还能降低空载率、缓解交通拥堵和污染、促进社交等。

滴滴代驾于2015年7月正式上线，初期业务已经在北京、上海等地迅速铺展开来。有别于普通的酒后代驾，滴滴代驾还根据消费者的细分需求和司机的专业技能将代驾分为酒后、商务、旅游、礼宾、保镖等几大类别。代驾司机均出自正规的劳务派遣公司，经过了严格的培训及笔试、面试、路考等环节，并签订劳务合同和劳动保险。

滴滴巴士于2015年7月正式上线。其定位是满足消费者尤其是上班族零散的出行需求，为用户提供比打车便宜，但比地铁、公交更舒适、快捷的出行服务。其车辆主要来源于合法经营的旅游公司和租赁企业，司机来自正规劳务公司。

3. 以盖网的Gnet- box为代表的为社区、商圈提供网络服务的模式

网络服务的模式有多种形式，盖网的 Gnet- box 为出行者提供了 WiFi 服务。只要连接上 WiFi，就可以免费观看由分享到 Gnet- box 平台的各种视频、电影、音乐等。

Gnet- box 是一部 WiFi 路由器，其提供的 WiFi 信号能够覆盖 2800~7800 平方米，适合安装在学校、各种地面交通工具、家庭、公共场所、店面等高人流量地点，支持 32 人同时在线高速浏览网页视频。

通过本地储存及定制化推送机制，用户在连接 Gnet- box 后，即使是一些没有移动网络信号覆盖的区域，也能流畅自如地体验视频、音乐等服务。通过互联网交互的方式，用户可以与身边的陌生人进行交流，将线上与线下更好地联系在一起。

Gnet- box 服务的市场价值和高质量的个性化服务，有利于合作方实施最符合所在场景的近场营销，有利于网络和业务的整合管理。

目前，Gnet- box 在部分公共场所、旅游景点的铁路网与公交系统已陆续实现覆盖，为更多的用户提供免费、高速、稳定的，集娱乐、购物、游戏、资讯于一体的无线网络服务。

网约车政策落地，分享租车模式受认可

2010 年以来，移动互联网得到大面积普及，为有效解决交通出行领域的“信息不对称”等问题创造了条件。国内外打车、租车等各类移动出行平台也迅速兴起，成为促进分享经济发展的重要力量。

易到用车创立于2010年，是国内第一家利用移动互联网技术，对乘客用车需求进行实时调度的网络约租车平台。截止到2015年10月的D轮融资，累计融资额已超过10亿美元。

易到用车成立以来，在各方面都取得了不俗的业绩，在竞争激烈的交通分享市场中稳居第一梯队，其主要得益于以下几方面。

1. 服务分布广泛

易到用车不仅覆盖了国内120多座城市，在华人较多的国外城市，如东京、伦敦、纽约、洛杉矶、悉尼等地也开通了相关服务，同时，还面向出境旅游人群和留学人员，建立了覆盖全球的华语用车网。

2. 业务合作多元

在发展过程中，易到用车还跨界建立起了多元化的服务"生态圈"。在旅游、社交、保险、电商、搜索、金融等方面都开展了广泛合作，为用户提供丰富的增值服务。

3. 安全规范，严格管理

易到用车业务的基础是"四方协议"，即易到用车平台、乘客、汽车租赁公司、劳务公司四方达成协议，由易到用车通过汽车租赁公司派遣车辆，从劳务公司派遣司机给乘客。易到用车实行严格的准入、保险、评价和清退机制，实现了较高的服务品质。

4. 合理定位，错位发展

在经营策略上，易到用车立足增量市场，与传统出租车行业错位发展，在服务价格、客户群体、揽客方式等方面形成了明显区隔。主要服务对象为中高端客户和企业客户，为其提供经济、舒适、商务、奢华、新能源等若干类近百款车型；同时，还开辟了定派分离、双向选择、集团用车、机场 CIP 通道等创新业务模式。

5. 创新业务，跨界合作

易到用车首创了国内“汽车分享”的全新商业模式，通过移动互联网新技术和 Car Sharing 的分享理念，不但有效提高了汽车的使用率，实现了节能环保的目的，更让用户享受到了真正愉悦的出行体验。

同时，易到用车还积极响应国家绿色出行和规范管理等号召，大力推广企业“以租代售”、消费者“以租代买”的环保、高效的新消费模式。

作为分享经济最彻底的践行者，分享租车模式必然会得到更多的认可。

所谓分享租车模式指的是：私家车主通过分享闲置车辆获取额外收入，租客则以更经济的价格租到心仪车辆。在这过程中，分享租车平台整合利用闲置的私家车资源，为出租双方建立安全、有保障的信息平台。

与传统租车模式相比，分享租车具备轻资产、车辆来源广等优势。数据显示：截止到 2015 年底，中国私家车保有量为 1. 24 亿辆，而机动车驾照持有人数高达 3. 27 亿人，也就是说，有 2 亿的驾照持有人没有车开。这个数据依然在不断增加，据中国汽车工业协会预测：十年后中国驾照持有人会达到 10 亿人，而中国目前的道路和相关基础设施对汽车保有的最大容量仅为 3 亿辆。

同时，为了有效缓解城市交通拥堵问题，很多城市纷纷出台了汽车限行限购政策，城市用车的供需矛盾异常突出。由于高速增长的用车需求和相对有限的车源供给，中国的分享租车行业迅速打开了市场。

在政策方面，2015 年 10 月党的十八届五中全会公报明确指出："发展分享经济，并将分享经济写入党的全会决议"，这标志着分享经济正式列入党和国家的战略规划；2016 年 3 月 1 日，《关于促进绿色消费的指导意见》明确指出："支持发展分享经济，鼓励个人闲置资源有效利用，有序发展自有车辆租赁，创新监管方式，完善信用体系"，这是国家首次发布的针对分享经济领域的指导及鼓励措施。

分享租车平台在发展之初，主要以撮合交易为主。随着车主和租客双边用户数量和服务深度的积累，以凹凸租车为代表的分享租车平台便将自己的目光瞄准了万亿级的汽车后市场。未来，无论是 UBI 车险，还是汽车融资租赁、汽车消费升级、汽车抵押贷款、针对车主的洗保修等服务，如果能够深入下去，必然会挖掘出一个几亿甚至几十亿估值的盘子，分享租车平台自然会占据最靠前的位置，发展不可限量。

案例：车到哪，用分享经济的模式做实时公交出行

公交到哪儿了？打开车到哪，一看便知。车到哪是实时公交地铁一站式安全出行的必备神器。通过这个软件，我们可以实现很多便利。

1. 掐点乘车。可以实现定位车辆的实时位置、精确计算到站时间、路况和拥挤程度，可以更好的掌控出行时间。

2. 一站式换乘。为用户推送最优质的换乘方案，实现了公交、地铁、步行等方式的完美结合，再也不用担心迷路了。

3. 闹钟提醒。公交地铁到站可以通过消息、声音、震动等一同提醒乘客，既不用担心坐错车，也不用担心坐过站。

4. 附近公交。可以获取附近的站台信息，显示哪辆车最先到达。不管是距离，还是时间，都掌握在乘客自己手中。

5. 预估下车时间。乘客可以随时知道还有几站或多久到达目的站，不会再坐过站。

6. 公交卡余额查询。公交卡绑定，消费明细一目了然；还有卡余额不足十元提醒，可以很好地避免余额不足的尴尬。

7. 乘车服务评价。显示公交详情资料与电话，上车后可以对司机态度、车厢环境等进行评价。

8. 分享互动。这是一个路友分享互动平台，乘车的时候可以实时在分享社区中互动、吐槽、交友，享受旅途的愉快。

互联网催生了三波新经济浪潮，第一波是虚拟经济，第二波是电商及 O2O 经济，第三波就是分享经济。如今，分享经济正在以惊人的速度改变着我们的住宿、出行等方面，车到哪作为一款实时公交出行的 APP，设计产品时就引入了众包分享出行信息的模式，在出行过程中，用户可以对自己所乘的车辆进行上报点评，包括车厢拥挤程度、路段实时路况、司乘人员的服务和突发状况等方面。

车到哪公交云平台会将这些实时信息与 GPS 数据进行整合梳理分析，处理后推送给出行社区内的用户，形成一个用户分享交通数据的出行互动平台。

出行有着较强的即时性，在车到哪 2.0 版本中，加入了“出行群”的概念。实时聊天群以线路为单位，所有乘同一线路的用户都能进行实时聊天，分享乘车信息。

对于如何激励用户上传的问题上，车到哪引入了红包打赏、抢单等环节，乘客可以将车厢信息进行分享。

车到哪还对接了各个城市公交上的 GPS 设备定位信号数据，是目前覆盖实时公交城市最多的公交出行 APP。

之所以要花重金引入用户的众多数据，是由于车到哪在运营的过程中发现，现有的公交定位设备存在着很多不利因素，比如：旧车设备没有及时更换、设备老化、设备定位数据异常等，容易出现定位误差。但可以通过乘客在乘车中做好信号定位来进行弥补和完善，这样就可以反映出车辆的行驶轨迹，通过车到哪的后台数据处理中心进行处理，就会产生有效的到站信息。

单一个体的出行是随机的、不可控的，一旦各交通出行参与者通过某种方式“连接”起来，并形成一个可实时分享交通信息的群体，这个群体就具备了某种“智能”，必然会向减轻拥堵的方向发展。

在移动互联网状态下，终端用户既是交通信息的生成者，又是交通信息的提供者，可以让出行者了解到更多的交通信息，选择更多的、更适合的交通出行方式 。

第 3 章
打破旧秩序的房屋分享

长租、旅行短租、联合办公，如何做好多方收益的生意？

服务、社交、创投，哪个才是投资人看重的目标？

房屋分享站上风口

案例 1：爱彼迎

爱彼迎成立于2008年，是个提供线上短租服务的平台，目前共汇集了来自191个国家和34000座城市的200万套房源。爱彼迎主要做的是海外民宿短租预定，多数房子都具有奇、趣、本地化等特点。在这里，既有北欧森林里树杈上的木屋、南美教堂里的板凳，也有冰岛的水晶屋、宜家的样板房。

在爱彼迎创立的最初两年里，人们对爱彼迎的认识还停留在“新奇”的层面，这里流传的都是房东和租客的爱情故事。但从2010年起，爱彼迎开始获得来自多家公司的高额注资，之后便开始了全球扩张。2015年，爱彼迎新融得一笔15亿美元资金，大西洋资本、老虎基金，中国的高瓴资本和宽带资本等纷纷参与其中。

此时，即使是商业不敏感的人群也渐渐意识到，爱彼迎绝不仅仅是“信任重建”“个性化”“人情味”等理想概念的集合，而是一个能对千家万户造成影响的新商业模式。

爱彼迎赋予了闲置房间变现的能力，分享的形式突破了传统的生产组织，它既不是传统酒店，也不是传统的房屋租赁，在法律、税收和社区管理等方面都对现有体系造成了挑战。不仅促进了世界各地旅游业的发展，还帮助承办大型活动的城市提升了接纳大量访客的能力。比如，在2016年里约奥运会期间，爱彼迎就充当了巴西政府的“另类住宿供应方”。

在 2017 年的全国“两会”上，作为新兴行业的代表，分享经济首次出现在政府工作报告中：“支持分享经济发展，提高资源利用效率，让更多人参与进来、富裕起来”“要推动新技术、新产业、新业态加快成长，以体制机制创新促进分享经济发展，建设分享平台”。

在出行分享领域，中国已出现了比肩优步的滴滴出行；在房屋分享领域，美国已出现了估值达 250 亿美元的爱彼迎，但在中国，整体还处于跑马圈地的蛮荒时代，类似的现象级产品还没有出现。

近来，房屋分享领域很多创业公司都获得了融资，传统酒店行业巨头也纷纷加入，期盼瓜分房屋分享的巨大蛋糕，究竟谁会是下一个爱彼迎？

案例 2：朋友家

2015 年 12 月，房屋社交分享平台朋友家得到了 7 天连锁酒店母公司铂涛集团数百万元的天使轮投资，估值 2000 万元。经过三个多月的产品内测和房源拓展，朋友家正式上线。截至 2016 年 3 月，平台已拥有覆盖全国 60 多个中心城市和旅游热点地区的数千套房源，全平台用户数量超 19 万。

朋友家的名字出自于泰戈尔的《飞鸟集》：“我的地球，我登临你岸像异客，我住在你家像房客，我离开你家门时像朋友。”

2015 年，铂涛集团成立了国内首家聚焦旅游休闲体验消费的孵化器，投资了多个旅游相关的创业团队。其中，非标准化住宿是铂涛集团非常看重的领域。在 80 后、90

后消费升级、生活方式转变的背景下，个性化住宿市场必然会迎来爆发式的增长。铂涛和朋友家创始团队沟通后，对朋友家的产品方向和团队充分认可，最终决定投资。朋友家成为国内首个获酒店巨头投资的个性化住宿平台。

铂涛集团是国内知名酒店集团之一，拥有的酒店品牌数居国内首位，会员人数超8000万，门店总数超3700家，覆盖全国300多个城市。这些优势很好地帮助朋友家将房屋分享的个性化新生活方式和传统酒店的优质服务体验结合在了一起。

朋友家认为，尽管分享经济的观念已经深入人心，但房屋分享在国内却一直发展缓慢，一个很重要的原因是：西方是契约社会，而中国是熟人社会。对陌生人不信任，是当前限制房屋分享市场做大的最大瓶颈。

于是，朋友家的房屋分享尝试建立在熟人关系上，实行“三度好友”的分享机制。用户注册时，只要选择匹配手机通讯录，系统就会据此识别用户的一度好友，即直接朋友，进而再计算出用户的二度、三度好友。

在平台上，用户之间也能够自由添加一度好友关系，而房东则可将订房权限开放给好友。让房东在信任的熟人关系上先尝试分享，在这个“安全模式”下试验之后，再决定是否开放给所有人。所有的一切都建立在熟人关系上，这样就具备了安全与信任的土壤。

这就是所谓“最懂中国人”，同时也是朋友家与其他房屋分享平台最大的不同。将来，朋友家还会通过其他安全措施进一步保障房东和房客的利益，比如：引入身份证认证系统、与保险公司合作等。

住在别人家里，独特的分享体验

一、WeWork 神话

美国房地产公司 WeWork 成立于 2010 年，主要致力于开始联合办公租赁市场。WeWork 从事的工作是：用折扣价格将整层写字楼租下来，进行二次装修设计；之后，再以工位为单位分租给初创企业，每月向他们收取会员费，并提供运营服务。

2010 年，美国 WeWork 在纽约 SOHO 区开设了第一个办公地点，面积不到 300 平方米。最开始，条件较差，甚至需要两位创始人亲自粉刷墙壁。而目前，WeWork 已成为纽约增长速度最快的新办公空间承租人，仅用了几年时间就将业务扩大到了伦敦、阿姆斯特丹、奥斯汀、芝加哥等城市。数据显示，2014 年，WeWork 的营业收入多达 1.5 亿美元，营业利润率为 30%，估值超过 50 亿美元。

目前，WeWork 全球共有约 5900 个联合办公地点，而 5 年前只有 300 个。那时，在这类场所办公的人数不到 1 万，但目前已接近 26 万人。如今，这个领域在美国已经开始出现了细分市场，如只向女性创业者开放的主题办公空间。

在众多联合办公市场中，WeWork 目前处于领先地位。WeWork 的核心吸引力就在于，帮助小型企业降低了运营成本，为他们搭建了创业平台。

WeWork 营造的是一种开放式的联合办公平台，有助于压缩整体办公成本。对于小微企业来说，将利用率比较低的会议室、前台、茶水间等功能进行公共化，使企业运营成本下降。

WeWork 的形成基于美国过往已有的创新理念基础，比如：社交网络平台 Facebook，WeWork 可以看作是线下体验式办公。WeWork 形成品牌后，不仅提高了经营能力和利润空间，还能够吸引资本介入。

截至 2016 年 3 月，WeWork 在全球的 23 座城市一共拥有 80 个分享办公场所。

当今企业之间的竞争，不再是产品和服务之间的竞争，而是商业模式之间的竞争。在互联网浪潮的冲击下，商业模式必须不断翻新。奉爱彼迎为鼻祖的小猪短租，正在利用分享经济开创一种新的商业模式。

二、信任，保障分享的机制

“使用而不占有”，是分享经济的核心概括。进一步讲，无论是专车市场的易到，还是短租市场的小猪，都解放了想要使用物品就必须对物品有占有权的传统观念，为人们带来了更多的分享和交换方面的创新，即“无需占有也能享用”。

互联网的迅速发展及产品过剩，让这样的分享变得可能。大数据时代，众多碎片信息被不断地加以整合和利用，对于提高整个社会的效率和福利有着积极意义。可是房屋分享市场也遇到了自己的问题。比如：短租服务依然需要“客房服务员”进行清洁、验房等服务，管理费用和成本控制就成了亟待解决的问题；存在众多职业房东，影响了顾客的消费体验；中国的政策和法律对个人房源的监管并不完善……这些问题的存在，让顾客在选择短租的时候会考虑便捷、舒适和安全等诸多因素，这样就给中国的短租市场设置了一道无形屏障。

2017 年 4 月 26 日，小猪推出了国内第一个针对商务场景使用的短租产品，并在深圳召开新品发布会。之后，将陆续在开放北京、上海、广州、成都、杭州等 20 个重点城市，并建立商旅租无障碍服务体系。

所谓的“无障碍”则更多地表现为发票无忧服务、7×24 小时入住保障、卫生投诉先行赔付。小猪商旅业务的开放，标志着在线短租行业破解了“商旅住宿”的痛点，大大提升了用户对产品的重复使用率，分享经济住宿领域的发展必然会更加快速。

小猪商旅业务自成立以来，已经有上百家企业先后与小猪洽谈商旅方面的合作。通过甄选，氪空间、优客工场等 10 多家知名互联网企业成为小猪的第一批签约合作企业。

目前，分享经济住宿领域的各类型产品多偏向于旅游产业。针对商旅业务，在原来管家服务的基础上，小猪还增加了更多的服务职能和服务属性，如发票等。除了保洁、管家服务外，在商旅用房产，小猪还计划为用户提供卫浴用品、布草等易耗品。

未来，伴随着实名制体系、信用机制的逐步完善，分享经济的持续发展必然会产生更大的动力。借助全面的个人信用记录，随着分享经济的发展，生活会变得更加生动有趣。

房屋分享经济的“中国式创新”

过去，中国人不习惯将自己的卧室分享给别人，因为他们只有一间卧室。但随着分享经济的兴起，再加上多年房地产积累的库存效应，上述习俗在潜移默化中也发生着改变。

随着人类社会的系统升级，以及技术手段的不断更新，一些新的商业形态开始出现，并以最快的速度改变着各个行业的发展轨迹——这就是分享经济正在做的事。

2008 年成立的爱彼迎赋予了闲置房间变现的能力。2014 年，为了抓住巨大的市场机遇，爱彼迎尝试进入中国。统计显示，2015 年，我国有一亿多游客走出国门，增长幅度超过 10%。

如今，中国本土房屋分享平台如雨后春笋般涌现，秉着“信任重建，资源高效使用”的理念，为闲置房源和短租客之间架起了桥梁。比如：自 2011 年来，已经诞生了爱日租、游天下、蚂蚁短租、途家、住百家等数十家较大的平台，其中包括了一些本土互联网公司新开拓的子品牌，如搜房旗下的游天下和赶集网旗下的蚂蚁短租。

和那些还在摸索市场的公司相比，2015 年，途家的估值高达 12 亿美元。其业务模式繁多，不仅与房东合作，还与“二房东”合作，甚至与房地产开发商直接合作，将一些未售房进行包装，承诺投资者可将此房在途家的平台上进行短租。

途家也是一种典型的分享经济模式。目前，途家主要针对的客户是家庭游客和公司小团体。不过，一些年轻人群也将成为途家的目标。

在用户层面，途家定位于为新崛起的中产阶级提供多样化的旅行服务；在业主层面，途家与地方政府、房地产开发商合作，获得了更多的房源；在服务层面，途家通过下属的途家斯维登，为用户和业主提供管家式服务。

途家还专门成立了商业产品部，与下游的旅游产品对接，为他们提供打包的自助旅行解决方案。例如，产品“1000 元苏锡常随便住”就为喜欢在长三角地区旅游的用户提供了该区域丰富的公寓资源。

除了与国内几大房地产开发公司合作外，途家还打开了地方政府的房源渠道，已经与多个省市的地方政府达成合作协议。北至漠河，南到三亚，西至香格里拉，东到烟台，途家的公寓已经遍布全国各地。

当然，中国的各家短租平台看似异大于同，但依然存在一些共性。

1. 勇于自夸

每家都宣称自己最大，只是衡量标准不同。例如，蚂蚁短租自称是国内最大的公寓民宿在线短租平台；小猪短租宣称，在激发个人参与房屋分享方面自己是最大的平台。

2. 较宽松的相关政策环境

对于移动互联网平台上的短租服务，中国目前还没有设立明确的管理部门、法规条例和征税标准。在没有形成相关法律法规以前，行业和企业就可以按照自己的理念自由发展。无论从节约成本，还是业务成长上来说，立法后，成本可能会相应有所增加，但优点在于市场秩序会更加有序，行业认可度也会大大提高，消费者会更放心地进行消费，可以对短租行业的发展起到很大的促进作用。

在线短租=房东+房客+平台企业

所谓在线短租是指通过互联网销售房屋短期使用权，是旅游酒店和本地长租业务的有效补充。其房源主要包括：普通公寓、度假公寓、特色民宿、度假别墅和其他个性化的短期住宿产品。

有别于与传统的出租方式，短租可以让租客和房客在网络上实现直接沟通。其中，房客能够将房间的信息发布在网站上，完成线上交易、线下体验的过程。对于租客，可以带给游客一种全新的体验；而房客，则能将闲置的资源有效运转起来，这也是分享经济的一个重要环节。

木鸟短租（以下简称“木鸟”）于2012年5月上线，是房屋租赁业在分享经济上最早的践行者之一。

在商业模式方面，木鸟紧随大众旅游的潮流，将闲置房屋分享推向高潮，引发了众多房东参与，一方面为社会及个人解决了住宿的供需矛盾，一方面给社会及个人创造了新价值，推动了社会向前发展；在平台实力方面，木鸟国内的房源达到了30万套，覆盖全国近400个城市；在市场同行业中，木鸟的特色房源类型最多、数量最大；同时，木鸟团队实力雄厚，不断拓展用户市场、扩展房源，一步一个脚印地拜访用户和合作商，现在，木鸟不仅有完善的线上运营、服务系统和强大的地推团队，还有众多合作商、投资商的支持，平台具备了非常强大的流量变现能力。木鸟具有以下特点：

1. 分布广。经过三年的发展，木鸟各类房源已经遍布全国 396 个城市，达 30 万套。

2. 有特色。除普通民居外，还有很多特色房源，比如：海景房、别墅、四合院、森林木屋、窑洞等，可以满足出行者的多种需求。

3. 有保障。房东、房客均需要身份证验证，除平台的《木鸟保障计划》外，还有专业保险为其护航，房东安心出租，房客安心入住。

4. 性价比。同等服务质量的民宿房源价格，大多数都是周边酒店价格的一半。

木鸟是分享经济模式下的 O2O 在线民宿预订平台，目前已在全国拥有约 30 万套房源，包括别墅、海景房、四合院、木屋、客栈、窑洞等特色房，给旅游者提供了多样化的住宿选择；同时，平台不断完善当地房东增值服务功能，给旅游者带来了最本土化的旅行体验。房东把闲置房源分享给房客获利，取出佣金的 10% 给木鸟平台。

根据早期的艾瑞监测数据，中国酒店产品价格 80% 集中在 300 元以下，1~100 元占比 24%，101~200 元占 42%，201~300 元价格段产品占 16%。相比之下，中国非标准住宿产品供应价格比较分散，超过 50% 的产品价格都集中在 300 元以下。这就告诉我们，大部分非标准住宿供应商都旨在提供经济、性价比高的产品，高品质非标准住宿产品市场前景广阔。

随着互联网时代下 O2O 模式的不断发展，短租市场不断崛起，在线短租更是用自己的高性价比和人性化的服务对传统酒店行业发起了冲击。在“互联网+”政策支持下，出行者需求更加个性化，在线短租行业日渐兴盛。不过，在线短租市场也面临着很多问题，比如：消费者对产品认知度低，服务及产品依然需优化等。

资料显示，中国的空置房源大约有近10亿平方米，因此有效利用闲置房源有着重要的社会意义。在线短租，以合理利用闲置房源为主，有着巨大的发展潜力。分享经济模式下的在线短租是一个人人参与的平台，随着轻社交关系的建立，在线短租市场必然会借着互联网时代分享经济的东风大放异彩。

那么打造在线短租的时候，要从哪些方面入手呢？现在，我们就以木鸟为例来加以说明。

1. 给人创造深度体验

旅游是一种24小时体验，而其中的一半时间都要贡献给酒店，但酒店白墙白床单式的环境是无法给游客提供独特感受的。为了打造特色，就要不断地给用户带来惊喜，比如：一面画有星空的墙壁、一个可爱的小摆件，都能给用户带来感官上的刺激。不同类型的房屋能让游客更好地体验当地风土人情，比如，步行10分钟就能到海边的海景房，去草原住进蒙古包，到丽江睡在傣族竹楼里……对当地的感触远比住酒店要深得多。

2. 给旅客以家的感受

除了包含酒店能提供的服务外，大多民宿都设置了厨房、冰箱、洗衣机等基础设施，方便照顾老人和孩子，就像是在家里一样，可以让人们的旅行更舒适。

3. 最地道的个人指南

如果说，传统旅游是在跟着攻略走，住木鸟则不仅可以让用户感受到多元化的住宿体验，还能得到房东提供的私人定制化的旅游路线：哪里的小吃最好吃，哪个景区最值得去等。在这里，游客可以像当地人一样，品尝到最地道的美食、感受到最深层的文化。

4. 建立轻社交关系

在木鸟上订房，不仅可以浏览到各类房源，还可以看到房东信息，比如：房东的年龄、爱好，甚至连房东家里有几口人、从事什么工作也都可以有所了解。在旅游时，就可以打破陌生局面建立信任，帮你找到志同道合的朋友。

国内在线短租的主要模式

自 2011 年发展至今，从零起步至今日破百亿的飞速发展趋势，在线短租行业不乏途家网、小猪短租、自如等佼佼者，然而他们采用的市场模式各有不同，这些模式也代表了在线短租类分享经济的主要模式：

一、纯平台模式

爱彼迎是短租行业的鼻祖，采取的是纯平台模式，不介入线下操作，不参与线下的实地房源考核和评估，只在平台上做好信息的筛选、点评工作。基于平台构建社交生态圈，通过论坛、社区等形式增强用户的黏性，积淀双方的评分。

同时，爱彼迎推出了对房东的房屋住房保障计划，对房源提供高达 100 万美元的保险；对房客提供了权益保障条款，包括房源必须达到安全、可用、清洁等最低标准。

不仅如此，在信用体系的基础上，爱彼迎还构建了用户安全机制，允许接入社交账号如 Facebook 等，通过好友关系来进一步筛选用户，打造出更为亲密的信任关系。此外，还建立了 24 小时的客服热线，设立了授信安全部门，可以为用户提供一定金额的财产损失保障金，对用户进行信用卡身份验证。

从盈利来源看，爱彼迎不仅要向租客收取 6%～12% 的佣金，还会向房客收取 3% 的附加费用。

二、大平台模式

大平台模式打通了线上分享和线下审核的隔膜，联合了自营业务和民宿分享业务，形成了健全良好的产业链。途家的房源主要有途家自营房屋，个人业主、第三方商户分享的房源和由途家托管或者包租的房源。

其中，途家对自营房屋的租客收取客房费用；为个人业主或者第三方商户分享的房源提供推广分销的平台，收取一定比例的佣金。个人业主也能够将自己的房源托管给途家，实行酒店化管理，途家会根据房屋的实际经营收入（即房费）在扣除掉销售佣金和营业税及附加税费后，按约定的比例与业主进行分配。

不仅如此，基于大平台定位的途家还与服务运营商、行业协会、地方政府展开了合作，打造了一个旅游创新、多方互赢的生态环境。

三、C2C 短租平台模式

过去，小猪短租只是单纯地做平台信息分享，职业房东和个人业主的闲置房源通过小猪短租上线，供游客预订并支付相关费用。现在，小猪短租也开发了自己的营销团队，他们会主动发掘房源，对房屋进行线下审核。

小猪短租平台会对每笔订单，提供人身财产担保，还为房东提供基于身份证的“房客身份验证”系统，以及保障房东人身和财产安全的“房东财产保全”计划措施。同时，小猪短租还是短租行业第一家引入个人征信的企业。通过与蚂蚁信用合作，平台上的房东和房客不仅可以拥有自己的信用名片和芝麻信用分数，还能通过申请查看对方的芝麻信用分数来了解对方的信用情况。

四、开放平台+自营业务的模式

途家结合中国本土特点，对业主的旅游地不动产进行托管，采用美国 Sweetome 酒店管理体系，提供入户管家服务，将闲置房间进行经营或出租，把业主房产的空余时间充分利用出来，短期内获得可观收益。

途家定位于中高端人群，打造的是管家式服务平台，将旅行变成度假。在上游，房源通过自营并标准化的运营管理，品质更高，质量更有保证；同时，下游定位于中高端的自助游群体和商务差旅客户群体，配备了标准化的设施和高质量服务，打造了高品质的度假公寓预订网站平台，高效对接上下游，形成了一个集途家、业主、游客于一体的生态平台。

采用这种方式，不仅可以有效地管控房源，保障产品品质；还形成了统一采购、服务、配套的标准化系统。大多数服务采用的都是合作共用的模式，有效缓解了资产过重的问题。

五、B2C 自营模式

2011 年，链家地产在北京创立了自如网，做全程代理出租业务，以北京为主。针对业主和客户分别推出了三种业务：资益+、自如友家和自如寓。

从小猪短租看如何构建房屋分享圈

小猪短租创立于 2012 年 8 月，为用户搭建了一个平台，将有闲置房屋的房主和有短期住宿需求的房客连接在了一起。

目前，用户可以直接在小猪短租的移动端 APP 上看房、订房。截止到 2015 年底，小猪短租平台已覆盖国内 213 座城市（其中一、二线城市占比超 60%），房源约 7 万个，房源量比上年同期增长 3.5 倍，订单量增长 5 倍，平台上已积累超三百万活跃用户，在 16 个城市设有分公司。北京、上海、广州、成都、深圳 5 座城市的成交量占到了总量的 34%。

小猪短租平台的快速发展引起了投资界的关注，比如：2013 年 1 月，小猪短租完成近千万美元的 A 轮融资，由晨兴资本领投；2014 年 6 月，融资 1500 万美元，由君联资本领投，A 轮投资方晨兴资本跟投；2015 年 7 月，融资六千万美元，愉悦资本领投，晨兴资本、中信资本、和玉资本跟投，以太资本作为财务顾问全程参与。

在全球创业潮中，硅谷的创业明星爱彼迎是分享经济的代名词，而小猪短租已经有了向前迈一步的时机：品牌去中心化，业务营造生态圈。分享经济正在推动新商业模式的到来，而基于短租业务的分享经济经过数年沉淀，必然会迎来爆发期。小猪之所以如此成功，主要原因有以下两点：

一、去中心化

2012 年，陈驰和王连涛决定离开赶集网旗下的蚂蚁短租，进行创业。当时他们之所以要自立门户，主要是因为，他们觉得自己正站在一个巨大的风口下：工业化时代向后工业时代转型过程中出现的去中心化趋势，蚂蚁短租作为大集团内部的孵化项目，依然存在很多问题，于是决定独立创业。

经历三年发展后，以短租业务起家的小猪正式去“短租化”，由最初的小猪短租更名为小猪。几年时间过去，短租对国内消费者来说已经不再陌生。陈驰认为，从现在开始，小猪需要打造一个人格化、去中心化的品牌。

去“短租化”后，小猪也随之进入更加广阔的市场。房屋分享的链条很长，会涉及房屋设施、信息真实度、服务水准等多个方面，还会出现房东没时间打扫卫生或接待，临时无法分享房屋等问题，这都需要大量基础设施建设，类似于过去的电商网站的发展历程。

二、信任还原熟人关系

分享经济是基于人与人之间的直接连接而产生的一种新商业模式，但人与人之间的陌生感又是分享经济发展中的最大阻力。小猪就是要通过房子这样一个媒介还原人与人之间最初的熟人关系。

陈驰不仅是小猪的联合创始人之一，还是小猪平台上的一名房主。他认为，从模式来看，小猪模式最大的障碍是房主担心陌生人住在家里，会有不安全、不信任、很尴尬的感觉。不过，多年的出租经验及平台数据让陈驰看到，一旦达成交易，事情就会出现反转，人和人之间也会从利己变为利他。

分享经济最大的一个特点就是，能够改变人和人之间的关系，推动建立信用社会。小猪所倡导的“有人情味儿住宿”虽然只是分享经济金字塔中的一块而已，但也体现了一个重要趋势。

移动互联网来临，人们可以彻底绕开近200年的工业化模式，造就新的连接、新的经济形式以及服务模式。在分享经济模式下，一个人可以方便地把自己的房子快速变成一个可住宿单位，而不需要工业时代很庞大的分销体系。这本身也是一个去中心化的趋势，同时也是驱使各企业进军更多领域、打造房屋分享生态圈的动力。

热遍全球的房屋分享标杆爱彼迎（Airbnb）的奥秘

从各国国情出发，从游客角度提供特色居住体验，是爱彼迎独有的特点。

爱彼迎的在华市场主要针对的是境外游的游客，用户通过爱彼迎可以预定到全世界的民宿，不仅可以享受到较低的优惠价格，还可以与房东或其他房客交朋友，并体验到原汁原味的当地生活。

社交与体验，这便是爱彼迎的魅力。

一、爱彼迎从襁褓里的婴儿变成市场巨人

1. 从现有平台挖掘新用户。Craigslist（克雷格列表，以下简称“克雷”）是美国最火的分类网站，1995 年成立于美国加利福尼亚州，分类信息包括求职招聘、房屋租赁买卖、二手产品交易、家政服务、地区活动指南、寻找恋爱对象等。其中，租房业务发展最快，用户数量最多，纽约、洛杉矶、华盛顿、波士顿、西雅图等城市的租房交易额巨大。

克雷曾拥有爱彼迎最艳羡的海量用户基数，如何让用户转移到爱彼迎一直是几个创始人头疼的问题。最后，爱彼迎的工程师利用 Hack 技巧，找到了一个好方法：爱彼迎设置了一个程序，允许用户直接将在爱彼迎访问的信息拷贝到克雷的分类网站上，为用户省去很多麻烦；同时，用户会被告知若将自己在爱彼迎注册的信息传至克雷，之后每

月将多挣600美元。如此，不仅导流了对手网站的用户流量，还积累了本网站的用户。

2. 通过产品调查+产品想象获取新用户。从不认可到普及大众，新事物的发展总要经历一个辛苦的过程。在爱彼迎刚刚创立的时候，房东、房客数量小，一边寻求努力扩大用户群的良方，一边想办法将现有用户维护好。

最吸引客户的互联网产品是满足用户需求的产品，而好的产品往往得益于使用调查。爱彼迎从克雷获得的用户非常有限，当他们发现用户量增速变缓后，决定开发房东和房客。从此，爱彼迎的工作人员会飞到各地跟房东、房客见面，亲自处理一些问题，包括房间的照片拍摄、房间的重新装修、用户预订房间中产生的一系列问题。结果，用户量迅速增长。

企业只有做到“小而美”，才能“大而广”。短租并不是新鲜的概念，面对的用户是年轻人，只有真正将短租做得年轻化、潮流化、个性化，才会吸引更多年轻人前来居住。

3. 邀请分享中的口碑营销。爱彼迎将把关人的权利交给用户，用户可以完善个人及社交信息，不仅有常规的双向评价体系，还设置了邀请好友推荐分享等系列功能，言语和设置人性化，形成了良好的口碑传播。

（1）基本身份信息核实。爱彼迎的用户注册完后，需要完善一些基本信息，在美国包括护照、身份证等双层核实机制，在中国包括邮箱、姓名、电话和地址等基本信息。

（2）社交信息拓展。爱彼迎走国际路线，连接了Twitter、Facebook等社交网站，既方便用户登录，也能够拓展爱彼迎的社交功能；同时，还允许用户自行鉴定租住或出租人的性格特征，这相当于爱彼迎的开放式审核，供双方自由选择。

（3）爱彼迎的好友推荐分享的口碑营销功能。邀请好友功能看起来似乎很微弱，但这其实是爱彼迎的最大亮点，很多人都是由好友邀请成为爱彼迎用户的。首先，建立声誉，邀请用户好友为用户个人撰写推荐语；其次，邀请好友注册用户，给朋友优惠。当好友注册租住爱彼迎旅行时，用户和好友都可获得 255 美元的旅行基金，好友租出房源用户还可再得 479 美元。这是一个多赢的好策略，不仅有效激励了现有的用户群体，还扩大了新用户群和房源基数，发展了社交功能，形成了良好的口碑。

二、爱彼迎带给国内房屋分享的启示

关于爱彼迎，无论是在团队运作、产品运营，还是用户积累等方面，都有值得我们学习的地方。

1. 分担培育市场的成本。在中国，如果想打开人们的传统理念，需要花费很高的成本，爱彼迎的进驻则分担了教育市场的成本，更好地挖掘了短租市场的潜力。

2. 线下招募房东。中国的房东一般都比较保守，还无法凭借线上广告教育房东；同时，还要组建线下团队，招募房东，扩大房源基数，在房源基数保证的情况下，对房源进行精细化管理，打造精品房源，促进短租市场交易量的提升。

3. 创新的包装更性感。创新体现在很多方面，首先是短租理念的创新，其次是产品的创新。如今，简单常规的订单、规则等已经吸引不了人们的注意力，需要注入有活力的字眼，例如：某网站的留言框会显示“对于评论刚开始我是拒绝的”，好玩的调戏性话语会更好地激发年轻人来参与其中。

爱彼迎走的就是潮流范的酷炫产品。不论是还在发展中的木鸟模式，还是初步阶段的游天下，或是看似小有成就的途家，只有不断创新产品，不断创新理念，年轻人们才愿意跟你一起玩。

4. 试水多年，品牌理念的传达更清晰。虽然房源各种各样，但短租品牌经营理念要统一，要形成市场发声的统一品牌理念。短租是相对分散的产品，想要扩大自己的声势，必须采取一定的营销手段，宣传统一的品牌理念，砸入市场，导入流量。

案例：从作家到创业者，看蒲荔子如何玩转房屋分享经济

蒲荔子曾是一位媒体人，也是一位年轻的畅销书作家。2015 年 9 月，蒲荔子毅然决然地退出媒体圈，创立了朋友家 APP 房屋分享平台。

一、一个文艺青年的转型之路

蒲荔子曾经做过多年南方报业的文化记者，从不避讳自己身上的文艺特性。

在接受采访时，蒲荔子曾引用了一句话：“世界是属于理科生技术流的，美好的世界是属于文科生意识流的。”他为自己是个文艺青年感到骄傲，他甚至还认为：最好的状态是，既能文艺，还能赚钱。

2011 年，蒲荔子接触了南方报业内部的一些创业项目，便转型做经营，接触了互联网、公关、艺术区运营等多个工作领域。同时，还策划过很多大型活动，比如：首届“拙见”年度盛典，邀请了诺贝尔文学奖得主莫言、金像奖导演许鞍华等人，在广州大剧院举办了一场跨界演讲盛典。

此外，蒲荔子还参加了南方报业内部创业孵化比赛，与朋友一起创办了儿童兴趣网站天空城。2014 年，蒲荔子参与南方报业的艺术项目，学习了艺术项目设计和运营……做完这些之后，她实现了身份的转变，成了创业者“蒲荔子”。

二、创业是一个理性选择的结果

跟多数人不同，蒲荔子是先决定创业，再选择具体的创业内容的。

在决定告别媒体后，蒲荔子想重新找一个既可以满足自己的兴趣，又能赚钱的事做，这就是做一个文艺、有温度的产品。

结合自己先前的媒体和经营的经验，蒲荔子发现，自己的人脉圈子主要集中在文艺、媒体和互联网，而民宿市场正好是三者的交接点。明确了整体的大方向后，蒲荔子理性地分析了市场的 SWOT（优势、劣势、机会、风险），最终发现：在民宿分享这块，国内外虽然已经开辟了相关产品，但依然有众多市场需求没被满足。

之后，蒲荔子和创业伙伴做了 1000 多份的调查问卷。经过分析得出：目前的非标准住宿，如短租公寓、公寓酒店，满足的是用户的基本功能需求，即睡眠、沐浴、休息等；第二层需求是个性化体验需求，比如适合拍照、适合家庭的别墅；第三层需求是情感和社交需求。目前，平台主要满足的是第一类需求，即功能性需求，第二、第三类需求正在快速增长。

蒲荔子认为，85 后、90 后是网络时代的“原住民”，具有较强的分享精神，愿意与别人分享情感经历，敢于与陌生人交往。他们价值多元、爱分享、能冒险，他们的旅行住宿需求，除了地段、价格、功能等基本功能需求外，更注重个性化需求和情感、社交需求……这是住宿市场的新变化和新机遇。

经过不断的测试运营和摸索，朋友家 APP 瞄准了第二、三层面的需求，主要为用户提供满足个性化需求及情感社交需求的住宿。和其他平台比起来，朋友家 APP 突出了主人和房屋的故事，希望朋友家的用户关系像泰戈尔诗中的那样：“我的地球，我登临你岸时像异客，住进你家时像房客，离开你家门时像朋友。”

三、独创“三度好友”机制化解房屋分享安全信任之忧

中国是一个熟人社会，不管做任何事都讲求“人情”，如此必然会加剧人与人之间的不信任感。很多人会问：“住到一个陌生人家里，你难道不害怕？如果你有房子，你安心让陌生人住进来？”于是，一个“纠结”的局面产生了：一面是高速增长的个性化民宿需求市场，一面是不敢放开、艰难建立信任的房东和房客。

蒲荔子看到了民宿市场的症结所在，创立了独特的“三度好友”机制，打算用熟人关系扫除房东和房客的心理障碍，渐渐形成安全信任的土壤环境，将分享变成一种平常的生活方式。由此，朋友家 APP 的房屋分享建立了一个独特的“三度好友”分享机

制：用户注册时，可以选择匹配的手机通讯录；之后，系统就会识别出用户的一度好友，即直接朋友，进而再计算出用户的二度、三度好友。建立起信任感后，再选择是否将房源开放给所有人。

朋友家 APP 的房东可能是一个艺术家、作家、模特，或是一个你所从事领域的专家，朋友家已经吸引了众多艺术家、设计师、作家、媒体人等各类人群入驻。

四、致力于做具有住宿功能的社交平台

有别于爱彼迎等房屋分享平台的专注于房屋本身，朋友家 APP 更侧重于聚焦社交；朋友家 APP 不是一个具有社交功能的住宿平台，而是一个具有住宿功能的社交平台。朋友家 APP 希望用户是奔着这个人、这个空间的特色做出的选择，而不单单是一张可以睡觉的床。

从 2015 年 6 月创立以来，朋友家的运营一直较为顺畅。12 月开始内测运营，四个月后，房源数量便达到数千套，覆盖了全国 70 多个中心城市和旅游热点地区，APP、微信公众号全平台用户超过 20 万。2015 年 12 月，朋友家 APP 得到了铂涛集团数百万元的天使轮投资，估值 2000 万元。

第 4 章

建立新规则的生产能力分享

生产能力过剩，供给侧改革，分享经济是不是能做得更多？

众包生产、循环经济、平台概念，怎样一手托制造者，一手托消费者？

分享经济的核心公式：过剩产能+分享平台+人人参与

一、最佳创新公司50强广州企业巡礼

广州优卡狮电子商务有限公司（以下简称优卡狮）秉持分享经济理念整合门店资源，实现了剩余产能分享，2015年，入选中国创新企业50强。

优卡狮成立于2014年7月，是一家专注于汽车后市场的互联网公司。其秉持“不坑人”的价值观，利用互联网思维打破了行业“以次充好”“小病大修”“过度保养”等潜规则，在市场占领了一席之地。

优卡狮将自己的市场定位于汽车后市场，主要为车主提供维修保养、中石油加油卡、保险理赔、代缴违章罚款、车辆年审等汽车综合服务，为车主降低了养车成本。目前，共有28家施工门店，服务范围覆盖多个城市。其特点在于：单点突破，针对万千车主都关注的汽车维修、保养等痛点问题，打破了汽修市场的潜规则，以诚信赢得客户。

在经营理念上，公司最大创新点是：利用分享经济理念盘活线上线下等各种闲置资源，实现资源分享，打造低成本供应链，实现高性价比的养车体验，所有与养车有关的事都能通过“一键”全包。

在技术层面上，优卡狮的智慧保养理念实现了客户智能化养车模式。客户只要输入

车型和行驶里程，就会为其提供定向保养需求建议；线上预约后，线下实体门店就会为其提供专业快捷的服务。

资料显示，优卡狮目前共有 30 多个保养项目，100 多种产品组合，能快速地为客户提供最专业的建议；实行标准化施工，坚持标准化方案，为车主提供极致的养车服务体验。

分享经济平台可以解决生产的供需方信息不对称的问题，借助设备、产品等闲置生产能力的分享实现协作生产，不仅能大大降低了使用成本，还可以提高资源利用率。

二、代表企业：WiFi 万能钥匙

在搭建分享平台前，必须先找到资源过剩的领域。换句话说，无论是时间、物品，还是知识，只有在充分富余的前提下才能被分享。因此，找到资源过剩的领域是搭建分享经济平台的先决条件。

不管在任何时候，商机都是从人们的现实生活中被发现的。商业的形成也是这样。一旦人们的需求得不到满足，就出现了交换和交易。

2015 年，连尚网络创始人陈大年发起了 WiFi 万能钥匙股权众筹活动，借助分享经济实现近乎零成本的经营模式。

连尚网络之所以能够找到 WiFi 这个过剩资源，是因为其意识到：在移动互联网时代，WiFi 已成为人们生活中必不可缺的资源，可以分享闲置 WiFi 的平台必然会受到用户的欢迎。

WiFi 万能钥匙是一个分享闲置 WiFi 资源的平台，连尚网络发起的股权众筹活动更能让 WiFi 分享得到最大限度的优化。在这个过程中，消费者既可以是用户，也能够是投资人，让闲置的 WiFi 资源在分享平台中发挥更大的价值。

WiFi 热点的主人通过连尚网络这一软件平台将空闲时段的 WiFi 资源分享给他人，WiFi 万能钥匙连接了需求方和提供方。

很多咖啡店、饭店、服装店在非营业时间段内的 WiFi 往往是闲置的。这些企业完全可以通过 WiFi 万能钥匙将自己闲置的 WiFi 热点分享给有需求的人使用……这就告诉我们，真正的分享平台必定出现在生活中人们最常使用和最需要的领域。

三、产能分享的特点和趋势

分享经济平台解决了生产供需方信息不对称的问题，企业不再是独立生产，而是用闲置生产能力的分享来实现协作生产。生产能力的整合，不仅降低了生产成本、提高了生产效率，也使得体现客户需求的定制化服务变得更加容易。

就产品需求方来说，信息的充分对接、工厂柔性化生产等减少了企业的搜索成本、生产成本和管理成本，实现了个性化定制，有效降低了风险。

就产能供应方来说，档期的灵活安排能降低风险和接单成本；充分利用产能，可以提升收益，同时有利于推动生产创新，加快企业转型。

目前，中国生产能力领域的分享经济还处于初级阶段，总体规模依然偏小，还没有出现有较大影响力的分享型平台。未来产能分享领域将有以下发展趋势：

1. 生产能力分享的重要性日益突出，是分享经济的主力军。未来围绕着能源、基础设施、生产设备、综合生产能力等的分享模式应用将越来越普遍，这会大大促进制造业的转型升级。

2. 有望形成有影响力的一体化产能分享平台。未来，随着智能制造的发展、企业信息化水平的提升，大规模一体化的生产能力分享平台将逐步形成。通过平台，供需双方可以实现产品的定制、生产，最大化地提高生产效率、节约生产资源，建立灵活的生产网络。

生产能力分享的两种类型：业务协作与众包生产

分享经济体现了新的消费观和发展观。从发展的内在需要来看，闲置资源是前提，用户体验是核心，信任是基础，安全是保障，大众参与是条件，信息技术是支撑，资源利用效率最大化是目标。生产能力分享指的是，通过互联网平台，将不同企业闲置的生产能力整合到一起，实现需求方和供应方的有效对接。

20 世纪 90 年代，生产外包就开始流行。只不过，由于信息沟通不畅，可供选择的生产商不多，无法及时满足需求，更别说实现多样化、个性化的生产需求了。

在互联网高速发展的今天，出现了产能众包分享模式。其与外包最大的不同是，依托互联网实现了供需信息的有效对接，由双方合作变为多方协作，不仅满足了生产需求，也有效降低了成本。

通常，根据需求方身份的不同，可以将生产能力分享分为两种类型：业务协作与众包生产。这两种类型在具体操作模式上大体一致，主要区别在于，业务协作模式增加了生产型企业与产品销售商对接的环节。

一、业务协作

业务协作指生产型企业将自己生产线中的某些业务众包出去，比如产品配件、外包装、图形设计等。业务协作通常由生产型企业主导，可以提高自身运作效率、节约时间和成本，比如淘工厂主要为淘宝上的卖家提供产品生产服务，利用各工厂的空闲档期实现整合协作生产，更好地满足淘宝卖家的特定需求。2013 年 10 月，淘工厂开始试运营，同年 12 月正式上线。截止到 2015 年 1 月，全国已拥有八千多家淘工厂企业，其中广东有四千多家，主要集中在广州、东莞、中山等地。

淘工厂具有以下特点：

1. 开放最近 30 天的空闲档期，让工厂将产能商品化。淘宝卖家在平台上可以快速搜索到档期匹配的工厂。

2. 柔性化程度高的工厂被优先推荐。柔性化指工厂的生产弹性，涵盖最低起订量、打样周期、生产周期等方面。

3. 按照淘宝卖家的需求定制。入驻的淘工厂为淘宝卖家免费打样，提供报价和档期，并且接受 30 件起订、7 天内生产、信用凭证担保交易等协定。淘宝卖家可以尝试小批量试单，并快速翻单。

4. 平台负责保障交易安全，将工厂生产能力分层。平台通过金融授信加担保交易解决交易的资金缺乏和资金安全的问题。同时通过数据分析，多维度地将工厂生产能力分层，促进供需双方信息的最大化对接。

二、众包生产

众包生产指的是产品需求方提出产品要求，将产品的全部生产众包出去。需求方通常是直接的产品销售商，众包生产一般以销售型企业为主导，以实现个性化的定制为目的，创新生产，节约成本。

2012 年，沈阳机床厂成功开发出世界首台具有网络智能功能的“i5 智能化数控系统”，通过互联网平台，利用融资性租赁、经营性租赁、生产力租赁等金融和经营手段，再制造循环，在大数据基础上，以即时付费等的方式，实现了按用户需求销售。

众包生产，是在互联网的基础上产生的一种新的社会化协作形式，依赖群体智慧，可以产出超越个体思维的成果，开源程序、维基百科、大众点评、知乎、分布式计算等都属于众包的范畴。

如果要为众包确定关键词，“互联网”“协作”等定会被考虑在内。关于众包有不同的界定，差异就在于是否认为成果来自个体的任务形式属于众包。

2006 年，《连线》记者杰夫·豪首次使用“众包”一词，他认为，网络和科技的进步会有助于业余人员来完成很多专业人士的工作。最初，众包主要用于内容生产、产品改善和创意集成等工作，现在则被拓展用于很多其他方面，如科学领域。

众包方式之所以得到快速发展，与供需双方在互联网大环境下的需求有关。在互联网经济下，生产方式发生了巨大变化，需求方想要寻找一种有效成本低的方式，而提供者大多数都是在兴趣的基础上参与其中。

分享经济与“过剩产能”：有效利用的循环经济

从滴滴、优步、爱彼迎等分享经济，到米其林、飞利浦等新模式，再到新技术带来的整个生产工艺的改变，都是循环经济发展的重要课题。

“互联网+”时代，分享经济从产品使用方式上，解决了效率低下的问题。比如，目前正在盛行的互联网打车，过去只有出租车、公交车能帮助人们降低私家车的使用率，分享经济的出现，让更多私家车、商务车参与其中。通过更灵活的收费体系，降低了城市出租车数量的压力，而顺风车更让车辆使用率大大提升，使得污染排放得到有效控制。

如果说分享经济促进了绿色能源发展，分担了运营成本，那么租赁模式就有效降低了原材料的使用量。

分享经济和租赁模式的推行告诉我们：在工业生产中，产品使用无法实现创新，但可以通过企业内部资源的整合，实现生产减量化。比如，笔记本电脑厂商将维修产品、废弃产品的完好零件加入到翻新产品中，就可以对电子垃圾实现循环利用，减少原材料的使用量。

总体看来，发展循环经济，不仅要充分利用废物资源化，更要转变思路，通过对产品、原材料、土地等资源的高效使用，提高市场占有率，让企业在低成本环境中实现快速成长。

一、分享经济与“过剩产能”：有效利用的循环经济

其实，所谓的分享经济就是，将个人拥有的过剩资源分享给其他人使用，并获得某种意义上的收益，实现了过剩产能、分享平台与人人参与的完美结合。

如今，随着私家车的增多，出现了很多过剩产能，空闲座位和汽车的闲置时间并没有利用起来。有了分享经济，这些闲置资源都能被有效利用起来，不仅可以减少交通拥堵和空气污染等问题，开车的人还可以从中获得经济利益。这样，就形成了一个将过剩产能有效利用的分享经济循环。

举个例子：小张每天都一个人开车上下班，最近发现顺风车、专车很火，想着反正来回都是自己开，座位空着也是空着，多坐一个人，还能赚点儿油钱。于是，小张下载了一个软件，成了一名“司机师傅”。之后，上下班都会打开顺风车软件看看有没有同路的人，赚点儿外快。

二、分享经济与“众创”：实现大众创业的目标

分享经济，不仅改变了人们的生活，更实现了经济生产中企业雇用模式和劳动者的全职就业范式，为每个拥有创业梦、富有创造力的人提供了全新的创业可能。不仅可以全面调动起社会闲置创造力，还能让人们实现观念上的转变，继而打破创业的顾虑，使人们利用自身的闲暇时间实现创业尝试，最终实现大众创业的目标。未来分享经济的发展潜力是无法想象的，这也是其吸引众人参与创业的一个重要原因。

三、分享经济与“供给侧改革”：最时髦的关系

如今，“供给侧改革”已成为中国经济领域最火热的词了，那到底何为“供给侧改革”呢?

所谓“供给侧改革”就是从供给、生产端入手，通过解放生产力，提升竞争力，促进经济发展。具体来说，就是清理僵尸企业，淘汰落后产能，将发展方向锁定新兴领域、创新领域，创造新的经济增长点。

投资、消费、出口是拉动经济增长的“三驾马车”，是“需求侧”的三大需求。与之对应的就是“供给侧”，也是生产要素的供给和有效利用。比如：国人对手机的需求量很大，苹果手机非常走俏，本土品牌却难有高端货；中国有很多生产电饭煲、马桶的企业，但国人却喜欢去日本购买……这些背后折射出来的就是中国长期对“供给侧”的疏忽。

利用过剩产能的方法：分割与整合、开放与创新

一、过剩产能

如果想实现分享经济，首先就要有过剩产能。过剩产能隐含着某种价值，搭建分享平台，就可以释放出隐藏在过剩产能中的价值：资产、时间、专业知识和创造力等，就能够从旧事物中挖掘出更多的新价值。

1. 过剩产能无处不在。用新的视角来观察，过剩产能无处不在。温暖的阳光、在线阅读《纽约时报》、开放数据、验证码、旧衣服、GPS 等，可能属于你，也能够属于别人；可能是有形的、暂时的、虚拟的，也可能是无形的、永久的、真实的，也可能是与流程、网络或经验相关的……所有的一切都包围在我们身边，孕育着无限的潜能。

2. 从旧事物中挖掘新价值。过剩产能经常会被人们忽视，却蕴含着巨大潜能，能够为生产者和消费者创造出更好的投资回报。过剩产能本身就隐含着某种价值，关键在于如何加以利用。从原有的事物中重新挖掘新的价值，并重新利用，就是过剩产能的重要价值所在。

事实证明，利用过剩产能的成本普遍比购买新的原材料要低很多，花费的执行时间也较少，无需寻找、发现、扩充、投入大量的资源。面临资本匮乏的企业家、渴求更高投资回报率的公司和政府机构，都可以通过某种方式，通过一定程度的开放，重新利用

原有投资资源。

二、分享平台

平台让分享变得简单。过剩产能是一种诱人的低成本原料，使搭建平台变得更有意义。

1. 分享平台的重要性。群体之所以会在一个平台上进行分享，主要是因为，平台能够设定标准并简化参与流程，做到个人力不能及的事情。

分享平台有能力去做长时间、大规模的投资，组织专家团队，扩大规模经济并采用标准的模式和品质。这种组织的特殊之处就是做个人不能做到的事情，即创建分享平台，将大型公司、机构的资源传递到参与其中的个人手里。

阿里巴巴成功地帮助小商家做到“最好”，其整合了成千上万的小微企业，并于2014年9月在美国纳斯达克上市。这是有史以来规模最大的首次公开募股，融资金额高达250亿美元。

2. 分享平台利用过剩产能的三种方式。通常情况下，分享平台利用过剩产能主要有三种方式：分割、整合和开放。

方式	例子
分割	Zipcar 是将人们重要的一次性选择，如传统的买车或者以天为单位的租车模式，变成了半个小时的租车体验，人们可以任选租车时间，只需支付对等的费用即可。也就是说，人们可以将过去拥有的资产分割成更小的部分，与用户真正想要消费的方式和需求匹配，实现分享经济
整合	爱彼迎将世界各地的个人拥有的部分房屋连接起来，用户只要登录爱彼迎平台，便可以预约租赁自己想去地方的心仪房屋。平台整合了这些房屋，用户可以用比以前更便捷、更低廉的方式来租到更好的房屋；而拥有房屋的人，也能够以通过出租自己的部分房屋而获利
开放	2008 年，华盛顿的首席信息官韦克・孔德劳与当地技术团体的组织者之一彼得・科比特合作，推出了“民主应用程序大赛”。当时，韦克所在的机构拥有关于华盛顿城市信息的最大的开放数据库，包括公立学校学生的测试成绩、停车计时器的信息和实时的犯罪报告等。所有参赛者都要根据这些数据开发各种应用，短短的一个月，他们就收到了 47 款应用作品，比赛取得了巨大成功。韦克也因此被奥巴马总统请进白宫，成为美国第一位首席信息官

平台的复杂程度与其对于创新的开放程度成负相关关系。平台的结构越不严密，越会有更多的创新涌现出来；反之，亦然。因此，平台的结构非常重要，其基础架构更为重要。

从黄太吉的华丽转身看“产能外卖”

中式快餐黄太吉的发展经过这样一个过程：

创业前，黄太吉用互联网营销引流，打算用互联网的方法改造传统餐饮的成本结构，在保证客流的情况下，把店开到便宜的商区。几个月后出现了问题——任何人都不会每天都吃煎饼果子，而且配送对象还是 CBD 白领。于是，他们开始尝试其他品类和品牌：主打炖菜的牛炖先生、川渝风味的大黄蜂小火锅、从来饺子馆、幸福小冒菜、叫个鸭子……2014 年 6 月，从单纯的“经营一家店”变成“经营一条街”，大大扩大了经营范围。

虽然从成本和收入结构上变得更合理一些，但之后又遇到了一个挑战：这种模式依然是传统思路，无法压缩交易成本，客单价的上涨赶不上硬性支出。创始人赫畅认为，未来的用户都在手机里，而不在大街上，这是大势所趋。在这个基础上，黄太吉拓展了外卖业务，把生产和店面分开，在北京的 CBD 开起了“工厂店”，做自有品牌的大批量外卖生产配送业务。

从传统思维看，这样做的好处是：流水线式的操作和供应，产能更好；在 CBD，送餐速度更快；边际成本大幅降低；不占店面的生产能力，不会出现顾客因为排队时被外卖抢了单而感到不满。

可是，这种外卖形式达到一定量后，又出现了新的问题——消费者不会天天吃黄太吉，而黄太吉也有富余。2015 年 7 月，黄太吉正式开放“工厂店”第三方平台，由品牌方提供半成品，交给黄太级做热加工和配送。

采用这种模式前，黄太吉月收入 200 万左右。运营不到半年，仅北京一个城市，月收入就翻了 10 倍；开放产能后短短两个月，就有十几个品牌加入到黄太吉平台。比如，一碗冒菜的小幸福就是第一个在黄太吉产能分享平台出现的第三方品牌。

其实，黄太吉外卖平台是外卖分享经济模式，和他们合作是一个多赢的决策。

目前，对于百度、饿了么、美团等外卖平台来说，黄太吉还是一个超级商户，数据显示，黄太吉订单量占百度外卖总量的 7%。未来，这些平台就要小心了。因为黄太吉不仅是个产能分享平台，还包配送、管客服，仅客服就有 100 个。

获得新的融资后，黄太吉将其用在扩大外卖平台的产能扩张和服务体系的完善上。目前的微信公众号上，黄太吉已经上线了越来越多的餐饮品牌，新的 APP 也已上线——和前者最大的不同是，其盈利能力更强。

同时，黄太吉还在做 CRM（客户关系管理）系统，一边对接了百度、饿了么等多家外卖平台的数据，一边对接了自己。将所有外卖平台卖出的数据集合在一起，商户在配送时就可以自动调整配送路线和能力了。

目前，外卖 O2O 行业最大的想象空间就是餐饮 CRM 系统、产业链覆盖和大数据挖掘了。可是，还需要不间断的投入，自建物流团队、给商家外送补贴、缩短与商家的结算账期……所以，美团和大众点评也开始“抱团取暖”。

赫畅打算将黄太吉变成整个中国餐饮行业在互联网时代变革的发动机、一个未来餐饮行业的平台，希望成为上游产业链和终端用户的深度整合者。这种整合不是要解救某个餐厅，而是提升整个餐饮行业的集中度和产业效率。

案例：订单产能交易平台打造翻译分享经济

2016年7月22~24日，第一届中国语言服务业协同创新发展论坛暨语资网2016年会员大会在厦门举办，250多名行业专家及企业代表参加了此次盛会。会议中，T- bank翻译银行3.1.0新版本亮相发布，成为大会的关注焦点。

T- bank翻译银行，是传神语联网旗下翻译订单与产能的在线交易平台，主要为用户提供全球翻译资源产能分享。为了给国内翻译企业及海外翻译企业提供更便捷透明的平台支持，新版T- bank结合大数据基因匹配算法，首创了“开放议价”交易模式，为翻译组织之间建立了更高效的线上通道。

T- bank平台有效解决了翻译需求与翻译处理方信息不对称的问题。通过T- bank平台，企业可以实现线上交易，获得更多的翻译订单；同时，还帮助企业有效解决了组织内部管理与沟通的耗时、成本居高不下等管理难题。T- bank平台上线一个月，企业注册数就超过了200家。

我们有理由相信，在“互联网+”的大趋势下，T- bank所倡导的新型语言服务模式——翻译分享经济必然会成为翻译行业内企业与翻译组织共同发展的新舞台，会有效地提升翻译行业生产效率，构建更积极、更开放的语言生态环境。

第5章

O2O已死，分享经济当立

家政、物品、医疗、教育，分享经济为什么不是简单的web 3.0?

社交、文化、小众爱好，基于生活服务的分享目标对准了谁?

用分享经济思维引领 O2O 生活服务

目前，发朋友圈成了很多人日常生活的一部分，我们可以分享有趣的事情，分享快乐的心情，分享有品质的生活……分享经济作为创新热词，在 2016 年的全国两会上第一次被写入了《政府工作报告》，引发了大众对分享经济的热议。

其实，在人们还不知道如何定义分享经济时，它早就已潜移默化地融入了百姓生活，叫车、民宿预订、互联网洗衣等这类 APP 俨然成了手机中的标配。分享经济，不仅体现了“资源共通分享”的发展理念，也给供求双方提供了更自由的选择。

而此前，由国家信息中心信息化研究部、中国互联网协会分享经济工作委员会联合发布的《中国分享经济发展报告 2016》中也指出，2015 年，中国的分享经济市场规模约为 19560 亿元，主要集中在金融、生活服务、交通出行、生产能力、知识技能、房屋短租等领域，其中生活服务领域形成的市场规模占比超过 20%，总量约达 4000 亿元，覆盖用户约 3 亿人。

在中国，分享经济的出现可以追溯到百科、贴吧、知乎等知识分享平台的出现。但近两年，滴滴在出行领域的崛起，让分享经济这一概念受到行业热议。同时，途家网和 e 袋洗分别在在线旅游领域和生活服务领域推行分享经济，也得到了市场的广泛认可。

2015 年 8 月，途家网完成了 D+轮融资，融资金额高达 3 亿美元；e 袋洗也于同期完成 B 轮融资，获得由百度领投的 1 亿美元。以 e 袋洗为代表，中国分享经济也开始步入高速发展阶段。同时，在人口红利逐渐消退的经济背景下，分享经济的出现也为中国的改革提供了实践方向。

e 袋洗的前身是拥有 26 年洗涤历史的荣昌老字号，有着丰富的行业经验，通过不断的管理创新、技术创新和服务创新，传承了“工匠精神”，吸收了“互联网精神”，接入了优质品牌加盟商资源。

一方面，在技术层面推行了荣昌洗衣“365”标准——“三品控、六艺、五洗”，囊括了 15 道运营工序、3 层质量品控流程、6 套整烫消毒工艺、5 种洗涤方式，保证了用户每件衣物的洗护品质。

一方面，利用平台整合垂直产业链资源，帮助传统生活服务企业加快参与到“互联网+”中，与互联网化的用户人群实现对接，让资源得到了最优配置，推动了整个洗护行业的工业化变革。

“小 e 管家”的出现是 e 袋洗分享经济的最好体现。他们不是来自周边小区的居民，就是用户隔壁的邻居。这份家门口的工作，不仅能帮助他们获得一定的收入，还能搭建起与社会的联系，解决 40~60 岁年龄段社区人群的就业问题。

老李就是一位 e 管家。老李加入 e 管家已有两年的时间，伴随着 e 袋洗一路走来，见证了企业的快速发展。现在，老李不仅每月增加了 4~5 千元的收入，还会获得公司的万元奖励。灵活的工作时间和完善的奖励机制，吸引了越来越多的社区人群加入了“小 e 管家”。

e 袋洗深知，在高频的生活服务领域，即使服务品质有严格的制度保障，但在行业里并没有评判服务品质的客观标准，好不好有时只在于用户的体验和感觉。

为了确保用户的体验和权益，e袋洗不仅认真对待每个客户投诉，还联合平安财险，为每件衣服上了保险，提高了服务满意度；其采用远高于行业标准的赔付政策，确保了用户的权益；“7天内解决”的承诺，更确保了在更短的时限内给到用户最满意的回馈；“100%耐心服务”则是e袋洗对每一位“小e管家”服务态度的要求。

分享经济时代，e袋洗是如何实现迅速扩张的呢？在这方面，e袋洗似乎早有准备。2015年下半年，e袋洗相继从腾讯、宝洁等知名企业引进了高级管理人才和研发人才，并陆续引入10多名海归、博士，近百位的硕士、技术人才。前北京宝洁技术创新中心的研发总经理马军的加入，为e袋洗在推动建立洗护行业标准方面提供了动力。

基于e袋洗在人才团队层面的强力升级，在洗衣品质、服务品质方面的极致追求，及在推动行业标准建立方面的持续努力，再加上分享经济及O2O生活服务的风口价值，我们有理由相信，e袋洗必然会引领中国洗护乃至中国O2O生活服务行业在未来十年得到长足发展。

云家政的用户管理信息化平台

在“互联网+”时代，各行各业都在积极拥抱互联网，家政行业同样如此。

家政中介公司Care. com于2014年1月上市，市值5.1亿美元，上市后市值涨了近一倍。

Care. com 把家政服务的供需双方联系在一起，是保姆和雇佣者分享经验和建议的平台。需要家政服务的家庭，可以在 Care. com 上注册账户，填写个人资料，包括地址、邮编、电子邮箱后即可加入；之后，再根据自身需求对服务条件进行细化，如照看小孩的保姆、幼儿中心、家教类型等。家政服务提供者同样要在网上注册个人信息，并告知能提供何种家政服务。

截至 2014 年 6 月，Care. com 已获得四轮融资，总额超过 1 亿美元。投资者包括：New Enterprise Associates、Trinity Ventures、经纬创投、Trinity Ventures 等。

这里有 O2O 家政的七个典型案例。

一、微聘家政通：连接用户与家政公司

家政通主要为传统家政公司提供在线服务和网络营销，面向家政公司的是 APP，面向用户（雇主）的是网站，用户（雇主）可以在网站上根据条件搜索保姆，查看保姆的信息和视频，选中保姆后，直接打电话联系即可。

家政公司为来找工作的人做登记和身份确认，并利用手机 APP 拍摄视频资料，录入基本信息，直接将资料上传到网站平台；雇主打电话联系家政公司，家政公司为雇主提供人员信息，安排面试事宜，跟雇主签订服务合同，在平台上提交签单记录。

二、悠家客：中介双向收费模式

懒人家政并不是为“懒人”提供家政保洁服务，而是为特殊人群提供刚需服务，主要以月嫂、育儿嫂、病人护工等为主，与市场上主打高频次、短时长的小时工式的家政服务有所不同。

悠家客（懒人家政）颠覆了传统家政中介双向收费模式，具体表现为：

（1）不会收雇主太多的中介费、服务费等。

（2）不克扣家政人员工资，雇主和家政人员实行对接后，双方工资自行磋商。

目前，其主打的收费项目主要是 VIP 增值服务和月嫂套餐的折扣服务。

三、e 家洁：连接消费者与保洁小时工

e 家洁是一个主要面向消费者、定位经济型保洁市场的平台，解决了消费者和保洁阿姨之间的信息不对称问题。通过这个平台，用户可以用低廉的价格预约小时工进行保洁服务，并通过评价系统来保证服务质量。

e 家洁取消了与家政公司合作这一中间环节，与小时工直接进行合作。其次，摒弃了与小时工抽成这一合作模式，不对小时工进行抽成。

四、阿姨来了：经纪人制度的灵活运用

“找保姆难”几乎是所有找过阿姨的家庭共同的痛点，主要原因在于：阿姨本身的素质参差不齐，技能水平千差万别，阿姨与雇主之间信息不对称。阿姨来了采用的是家政经纪人制度，在一部分程度上缓冲、调解了这些难题。目前，家政经纪人的主要来源有三个：原家政服务员，有经验的销售人员，应届毕业生。

家政经纪人会对家政员进行招聘审核、岗前培训、面试安排等前期工作，在合同签署之后还会做矛盾调解、后续换人或解约等工作。这一系列流程，从很大程度上保障了家政阿姨的信誉水平与工作技能的标准化。

五、云家政：家政版的去哪儿

云家政并不是要绕过线下中介，而是要为家政公司带来管理效率的提升和业务增量。从这个角度说，云家政是家政版的去哪儿，它们差别只在于——不为线上中介导流。作为一个家政服务平台，云家政要服务的人员有两类：一个是有家政需求的用户，一个是没有能力实现电子商务化的传统家政公司。

在企业端，云家政为家政公司提供了身份证识别器和一套 CRM 系统，一方面方便对家政人员信息采集，一方面使得商家与平台、商家与商家之间的信息系统可以实现对接；在客户端，云家政将合作商的服务人员信息聚合呈现，提供服务者搜索、预约和线上支付等功能，业务涵盖保洁、育儿、看护、月嫂、保姆等几大类。

六、阿姨 800 网：准妈妈和月嫂的交流平台

阿姨 800 网，是一个为准妈妈与月嫂公司搭建交流互动的平台，雇主可以挑选、比价、点评月嫂，分享月嫂雇佣经验；同时，企业可以获得更多的展示机会与订单。主要面向两大服务对象：雇主和家政中介。一方面可以帮助上游雇主找到适合、靠谱、最优价格的月嫂；另一方面可以帮助下游企业扩大营销领域和地域，获得持续稳定的客源与订单，留住优秀月嫂。

七、无忧保姆网：保姆的全国联网数据库

无忧保姆网通过线下门店、口碑传播吸引保姆注册，建立了全国联网的保姆数据库，以搜索引擎为主要推广渠道。网站除了提供保姆的基本信息外，还提供保姆的服务轨迹，包括在岗天数、好评率等，平均每个保姆有几十条评价。

物品分享、书籍分享、服装分享等多元化形态

物品分享方面呈现出了一种多元化态势。

一、共享物品

物品共享是最早出现的一种共享形态。在一些关于共享经济的国外研究中，有些人甚至将 eBay 和克雷等网站也看作是早期的共享经济形态。eBay 为用户提供了一个第三方平台，而克雷则是最早的分类广告网站。

这些都是互联网时代的共享经济的早期模式。近几年，随着移动互联网的发展，共享物品的商业模式又呈现出更加多元化的状态。

Etsy 公司是一家比较另类的手工艺品共享网站，成立于 2005 年，总部设在美国纽约布鲁克林，目的是要为爱好手工制品的人们提供交易和交流场所。

为了配合网站的手工艺术风格，几乎所有东西都由员工自己制作或挑选。Etsy 网站通过网络把全球的手工爱好者连接起来，交易产品种类繁多，比如服饰、珠宝、玩具、摄影作品、家居用品等。但是，这些商品都是个人原创、手工制作。

Etsy 聚集的不是普通人，而是极富创意的手工达人和才华横溢的设计师，他们不仅在网上创造属于自己的品牌，销售自制手工艺品；还会参加网络社区交流，进行线下聚会，参加 Etsy 赞助的工艺品集市或展览。

分享物品这种模式，不仅降低了供给方和需求方两方的成本（不仅体现在金钱成本上，还体现在时间成本上），还大大提升了资源对接和配置效率。

二、图书共享

Chegg 网站是由三个美国大学生约什・卡森、和麦克西格奥斯曼・拉什德和马克斐德克创办的，于 2013 年在纽约证交所上市。其最初公司的名字叫 Cheggpost，目标是做大学校园里的全美最大的分类广告网站。2005 年，公司改变了自己的发展方向，为在校学生提供教科书租赁服务的电子商务公司，2007 年公司更名为 Chegg 网站。

三、服装共享

Poshmark 公司 2012 年成立于美国加州，目前该应用上的在售商品超过 100 万件。这里，既有 25 美元的快时尚服装，也有标价 5000 美元的奢侈女包。登录到这个应用后，用户可以将自己想要出手的二手衣服和包包等物品的照片上传到应用中；同时，也可以添加相关介绍，包括原价、出售价格和尺寸等信息。信息填完后，用户只要点击“出售”按钮，出售信息就会马上显示在 Poshmark 网站的信息页面上。

不是解决“饭”的问题，而是分享文化

在美食分享领域，曾先后出现了觅食、回家吃饭、妈妈的菜、蹭饭、一起吃、家味道、大妈小厨等平台。

案例 1：

觅食创办于2014年7月，目前拥有40多万日活用户，注册私厨近1.5万家，覆盖全国300多个城市。2015年6月，觅食完成1500万美元B轮融资，估值超过1亿美元。

觅食平台聚拢了大量的手艺人，从烘焙饼干，到鸭舌小吃、私房辣椒酱再到一席私家厨宴，应有尽有。同时，还提供甜点、早餐、小吃零食、调味酱料、饮品酒茶、生鲜果蔬等11个大类食品，最后还有提供一个“上门吃”的分类服务。

喜欢美食的用户可以在觅食平台上找到自己想吃的食物，直接付费；然后，选择适合自己的配送方式就可以得到美食。

觅食定位于私厨解馋，从目前来看，供应的东西偏向零食类别。用户可以按地理位置发现附近、同城、全国的特色手工美食。每天工作人员都会精选出各地的各类美食，配以简单介绍供大家选择，推荐的美食都是纯手工制作的；还可以下单预订好某个套餐

后，亲自前往店铺品尝。

私厨的发端，是为食客提供在餐馆吃不到的、有溢价能力的私家饭局。可是，做O2O服务离不开资本，资本往往更看中高频、刚需的使用场景，是业务规模化的能力。因此，私厨便走向了另一端：使用与优步更接近的模式，充分激活家庭闲置资源和劳动力，拉低行业的经营门槛，提高市场中供需双方的匹配效率，做出规模。

案例2：

上班族的一日三餐都是必需的，也是餐饮行业里最高频的业务。饿了么、美团、百度在外卖市场抢得你死我活也是为了这块大蛋糕。目前，私厨分享平台也盯上了这块蛋糕。

在妈妈的菜看来，即使饿了么能让白领的午餐有更多选择，但小餐馆的餐食体验依旧是大同小异。妈妈的菜要做的就是：让白领的午餐选择不再仅依赖于餐馆，而是通过写字楼周边小区里住着的“大妈们”真正释放供给端。来自全国各地的家庭，可以让白领释放自己对午餐多样性的需求，甚至吃到自己“家乡的味道”。

对于分享经济双边市场来说，最重要的就是让供需平衡，优化商户和用户的体验，实现供给量和需求量的循环上升。不同平台，开发供应端的逻辑也是不同的。“妈妈的菜”遵循供需两端循环拉动的逻辑：先在一个区域开发供应端、获取用户，供需相对稳定后，再拓展到下一个区域。

为了提高运营效率，妈妈的菜在制作环节，给阿姨提供了自由的个性化发挥空间，但在非制作的环节则尽量做到标准化，例如，平台规定一个主人每天最多只能制作6道菜；在食材方面，主人只需每天按量采购即可。目前，平台为主人统一供应标品，比如食用油；同时，还进一步向非标品延伸，比如对接生鲜电商供应生鲜食材。

连接、分享与全球化的在线教育

关于分享在线教育有这样两个例子：

案例 1：

C 学院是 CSDN 附属的产物，创立于 1999 年，是中国最大的 IT 社区和服务平台，主要为软件开发者和 IT 从业者提供知识传播、职业发展、软件开发等服务。作为一个信息服务平台，CSDN 拥有最资深的技术信息和资源，能够为 C 学院源源提供不断地支持。

案例 2：

果壳是果壳科技的产品，创立于 2010 年，定位于“互联网科学媒体”，其热门话题涵盖科学技术、生活健康等领域。

果壳拥有无数个科学小组，自 2013 年 7 月推出以来，已经积累了 80 万注册用户。2014 年 12 月 22 日，果壳获得了 2000 万美元的 C 轮融资，由好未来领投、IDG 等跟投，从而引进教育资本。

近几年，随着移动互联网的高速发展，加之传统教育模式的局限性，使得现阶段教育行业的个性化需求愈加旺盛，在线教育逐渐成为人们的不二选择，在线教育、数字化出版等教育信息化领域备受业界关注；另一方面，随着市场竞争的加剧，发展模式同质化严重也成为在线教育行业持续发展的绊脚石。一些在线教育机构盲目追求利益的最大化，偏离了教育的本质，自然无法形成可持续的发展模式。教育机构需要做到以下几点才能形成可持续发展模式。

一、优质的内容是根本

无论是在线上，还是在线下，高品质的内容都是教育的核心，也是行业立足的根本。内容研发并不是对各种相关资料进行简单的整理、堆砌，更不是抄袭，需要专业人员进行长期钻研、精心编撰，每一个步骤和细节都必须严格把控。

二、打造好口碑

在线教育容易受到多种因素的限制，比如：资源无法平衡，从业人员竞争激烈，互联网技术开发时间具有局限性等。纵观多数的在线教育机构平台，还有点“王婆卖瓜，自卖自夸”的意味。打着在线教育的名号，将线下的一些产品原封不动地搬到线上，使得在线教育的优势没有得到真正发挥。

口碑营销是云朵课堂一贯坚持的理念，不急功近利，不盲目追求利益最大化，脚踏实地的走稳每一步。因为他们知道，用户的口碑就是最好的营销方式，用户的信赖就是企业前行的动力之源。

三、真正满足用户需求

在线教育行业发展至今，对用户来说最大的痛点在于：没有真正满足用户需求。

在线教育并不像传统教育，很难做到实时监督、事事监督，容易让用户产生惰性，影响学习效果。针对这种情况，云朵课堂强化了老师与学生之间的互动性，打破了线上线下的坚冰，通过问题反馈、在线答题解惑等功能，实现了用户与老师间的即时互动，最大化地满足了用户需求。

如今，在“互联网+”浪潮的推动下，在线教育产业被越来越多的人熟知并且选择。在这种大好的发展形势下，云朵课堂将会以内容研发为主，以口碑为营销方式，以用户需求为导向，站在客户和用户的角度，让更多的人选择云朵课堂。

案例：身边惠的内分享模式

虽然，目前个人网约车市场还是一家独大的场面，但相关调查数据显示，2020 年中国出行市场将达到5000 亿元，而中国已经拥有超过4000 万家中小企业，占目前企业总数的99%，可企业内部员工出行的管理、效率、成本等问题一直没有得到很好的解决。

面对体量如此庞大的企业出行市场，如何帮助中国4000 万家中小企业更好地解决员工个性化、多样化的出行需求？一站式企业出行服务平台车马泡与身边惠进行品牌合并升级为身边惠，原身边惠则升级为身边惠商旅版；同时，身边惠的品牌理念也由“一站式企业出行服务平台”变为“愉悦不打折，出行惠生活”。

原有的车马泡主要为企业提供外部专车、租车、企业内部车辆调动管理等综合出行服务，面对企业内部员工逐渐增加的个性化需求，在功能上还没发挥最大效应；除了为企业提供外部专车、企业内部车辆调动管理等综合出行服务，还针对企业内部员工逐渐增加的个性化需求，全新推出了“私车办公”和“申请私车”功能，力争让每个员工都能没有负担的开自己的车上下班。此外，差旅服务与各大航空公司、携程、去哪儿等多平台资源对接，采用多种竞价模式，真正构成了一站式企业出行平台。

“私车办公”是一种针对企业员工个性化出行需求量身打造的全新出行模式，员工将个人车辆注册到平台，私车办公时，平台就会将行驶里程、路线、时间等记录下来，企业会按照里程数为员工结算补贴，员工便可以开自己的车外出办公及上下班了。

这种方式一举两得，对个人来讲，提升了出行舒适度，使得出行更灵活；对企业来讲，节约了出行成本，提高了办公效率。

对于大部分员工来说，外出办公或加班上下班的出行费用是一个比较头疼的问题。很多企业采用的都是员工“先垫钱，后报销”的财务管理制度。对于员工来说，垫钱打车的报销流程太繁琐、时间太长；对于企业来说，用车形式上相对单一，无法满足企业和员工的用车出行需求。

身边惠提供了一个“内分享模式”的企业用车解决方案，以“熟人资源分享”“出行安全高效”为发展重点，完美地解决了企业及员工的出行问题。更重要的是，后台的管控系统也让每个人的用车行为被企业掌控，使企业内部资源实现分享化，最大限度地激活企业内部的沉睡资源，真正降低企业成本，扩大了员工利益。

截至2016年10月，身边惠已累计成功服务6万余家知名企业，如华谊、光线、红星、迅雷、立白等，为企业有效节省了60%资金成本，累计高达上千万元。

第 6 章

分享脑袋，增值智慧

时间、距离、内容，分享经济究竟解决了什么问题?

知识、能力、经验，哪个是分享经济能更好地带给我的?

免费、付费、部分付费，什么样的模式是最能让人接受的?

知识分享——下一个分享经济的盛宴

微鸟主要为用户提供中英文的标准化教学，自主研发教材，聘请资深的雅思考官和中文教师进行授课；课程可以随到随学；在教辅方面，其与英孚合作，英语教学效果更纯正；还融合了英、日、韩、俄等 11 国语言算法，可实现实时翻译。

目前，微鸟的业务分为两大板块：一个是标准在线课程，一个是 11 国语言自由聊。2016 年 5 月，微鸟获得千万元融资，为在线一对一语言教育融资浪潮成功助力。

在分享经济的大环境下，知识、教育领域也出现了分享模式。知识分享最大限度地利用了全社会的智力资源，满足生产及生活需求。

一、知识分享的作用

知识分享的作用主要体现在以下几个方面：

1. 知识分享是知识管理的主要目的之一。知识是企业重要的无形资产，其最大的特点是：不会折旧，不会磨损，知识的价值会随着使用人员的增加而增加。在分享知识的过程中，边际成本会越来越低，边际收益会越来越高，这也是公司引入知识分享系统的重要原因。

从一定意义上来说，知识分享程度是衡量知识管理是否成功的最重要标准。知识分享不充分的知识管理，自然不是成功的知识管理。

2. 知识分享是充分利用知识的前提。很多知识，只有被相关人员分享后才能得到充分利用。例如，拥有很多生产线的工厂，某条生产线的设备维护工程师发现了可以更快速、高效维护设备的方法，如果不将这一方法推广到其他生产线，该方法自然就无法充分发挥作用。

还有一种情况是，某些人掌握的知识和信息，不一定会对自己的工作产生极大的影响，但其他员工通过知识分享获得这些知识后，却能给整个企业的工作带来极大的帮助。

3. 知识分享是知识创新的重要手段和催化剂。企业的知识可以分为两个层面：一个是员工个人拥有的知识，一个是企业拥有的知识。经过细致的工序划分后，员工日常工作接触的知识面就会变得越来越窄；同时，企业则需要员工具备一定的综合知识和能力。只有通过知识分享，员工的个人知识才能成为企业层面的知识。

二、知识分享的发展现状

近年来，知识分享发展十分迅速，行业规模不断扩张，业务内容不断丰富，参与主体更加壮大，总体呈现出欣欣向荣的积极态势，具体表现如下。

1. 知识市场初具规模。威客是知识分享中发展最早、参与者最多、盈利模式相对清晰的领域。初步估算，2015 年威客行业市场规模达到 100 亿左右，累计交易额约为 300 亿元，约 4000 万人注册了威客，其中威客的活跃数量约为 600 万人。

2. 业务范围向线上线下高端化拓展。知识分享的业务范围，正在从线上、线下的中低端应用逐步向知识技术、全产业链服务等高端应用领域加快延伸。

（1）线上业务高端化。线上业务细分为网站开发、软件开发、信息安全、语言翻译等600多个小类。

（2）线下业务高端化。进一步延伸到了出版印刷、广告会展、培训咨询等领域。

（3）线上线下不断融合。比如：威客正在各地建立线下的“超级设计中心”，开发出了基于位置搜索的“接单助手”APP。

3. 参与分享主体变得越来越专业化。主要表现为：

（1）参与分享的高学历人才越来越多。根据艾瑞咨询的数据，威客平台的大多数任务接受者教育程度是大学本科，占63.94%；博士和硕士研究生的比例接近10%。

（2）职业化的分享参与者越来越多，从兼职威客转为专职威客的年轻人开始增多。

（3）团队参与分享业务的越来越多，甚至合伙成立公司。

4. 垂直型平台在各个领域不断涌现。“互联网+”与传统行业的结合，在不同领域产生了一批垂直型分享平台。

（1）在创意设计领域，代表有猪八戒网。

（2）在语言翻译领域，代表有译言网、做到等。

（3）在科学研究方面，代表有易科学等。

（4）在生产制造领域，代表有凯翼众包、海尔hope等。

（5）在医疗服务领域，代表有名医主刀等。

5. 资本市场投入明显加大。自2014年以来，资本市场对知识分享平台的投入明显加大。比如：2015 年 6 月 15 日，猪八戒网获得 C 轮融资 26 亿人民币，估值超过 110 亿元；2015 年，名医主刀获得 6000 万元 A 轮融资。

6. 分享平台成为大众创新创业载体。截至 2015 年，猪八戒网旗下的虚拟产业园注册公司超过 300 家，成功孵化入驻企业 1500 余家。此外，还在各地设立了花果云众创空间；逐渐走向海外创意市场。

知识分享欣欣向荣的积极态势

一、知识分享及其类型

随着知识分享平台的出现，出现了道客巴巴等付费知识文档交易，在行、问咖等专家约谈知识交易，值乎等付费阅读交易。如果不做区分，很容易搞混了三者之间的区别。所以，首先要对知识分享经济做分类。

2016 年世界分享经济高峰论坛于 2016 年 11 月 8~10 日在澳门召开，不仅邀请了全球近百位国家元首、政府首脑、内阁部长，及国际组织、国家投资促进机构、自由贸易区负责人，分享经济领域的著名投资机构和明星企业高层，还有包括来自中国内地及港澳台地区政府机构、地方商会、外国商会、跨国公司总部的几百人。

分享经济隶属于知识经济下的知识服务经济：第一类，知识产品：指依靠知识而产生出的成果，经过某些转化、加工、生产后才能将知识固化在某种载体上，比如纸张、视频、音频等。第二类，知识服务：指从各种显性和隐性知识资源中，按照人们的需要有针对性地将知识提炼出来，用来解决用户的问题。这种服务的特点是：它是一种面向知识内容和解决方案的服务，目前的知识分享平台都可以归为知识服务范畴。

二、现代知识分享经济的特点

现代知识分享经济具备以下几个特点：

1. 具备互联网的时代特性。互联网（包含移动互联网）改变了人类信息传播的形态、模式和广度，让知识分享可以脱离空间的限制。过去，知识分享需要人与人进行直接的沟通，现在则可以通过直播、面谈、语聊、互联网文本等多种形式让知识分享真正实现大众化。

2. 归属知识服务。无论是在行、分答、值乎，还是道客巴巴的任务平台，只有归类为知识服务，属于信息的更高形态，才可归类为知识分享经济。

3. 具备普适性。知识分享经济是分享经济的一个分支。分享经济是指人们公平享有社会资源，各自以不同的方式付出和受益，共同获得经济红利。此种分享更多的是以互联网作为媒介来实现的。知识分享经济要具备普适性，产生规模效益。

三、知识分享平台三大主流模式

知识分享平台的三大主流模式为：

1. 隐形知识模式。这类模式以分答、在行及其他知识分享平台为代表，具体流程是：用户提需求，专家通过面谈、电话交谈、语音模式等向需求者提供服务，用户向专家付费。该模式以浅度交流为主。

2. 显性知识模式。道客巴巴任务平台悬赏类似于猪八戒网，区别就在于：猪八戒网提供的是产品，道客巴巴强调的是知识服务。在这些平台上，需求者会提出明确的显性知识需求。

3. 兴趣知识模式。以值乎为代表的收费阅读，类似于网络文学收费阅读，就是一种趣味知识类型知识分享。2016 年 4 月，知乎推出了值乎，用户只要关注知乎公众号，就可以在微信朋友圈里分享自己的打码信息：其他人要想看，则需要付费。付费者看过后觉得满意，钱就归作者；不满意，钱就归知乎官方。该类知识分享平台主要是通过兴趣推动的，用户只会对自己感兴趣的内容付费。

四、知识分享经济是新兴产业要解决的大问题

商业的目的是盈利，消费的动力是获取所需。虽然目前知识分享经济唱热、唱衰者不相上下，但依然可以发现，大多数人依然希望知识分享经济能够解决刚需问题。

总体来说，只有具备以下三个条件，知识分享才能在未来成为一种真正的产业。

首先，知识分享要围绕解决用户实际刚需来进行。这个刚需可能是猎奇、实用、兴趣甚至情感，但一个产业的兴起，基础就是用户有需求，愿意为其付费。互联网的出现解决了信息流通结构，催生出许多产业，如直播、代购、付费网络小说等。这说明，互联网的出现，催生了解决用户不同刚需的产业。

其次，适应性广，具备规模效应。任何一种商业形式都要满足简单清晰、适应性极强、具备广泛的需求基础、产生足够的规模效应等要求，才会形成产业化。无论是分答、值乎，还是道客巴巴任务平台，都需要回答自己的模式是否具备适应性。没有足够的用户需求基础，自然无法产生规模效应，只能是昙花一现。

最后，让双方实现共赢。健康的产业，通常是供需双方都获利，知识分享经济也是如此。无论分享出行，还是分享房屋，表面上都打破了原有的商业规则，其实依然是只有实现双方共赢，才能促使产业发展。

知识分享经济是昙花一现，还是一种成熟的产业取决于是否实现了双赢。

还可以分享你的大脑

如今，互联网在社会资源配置中的优化作用开始惠及人类的大脑，专业知识技能的共享在中国渐次开花。

从一定意义上来说，所谓分享大脑就是以具体的人为信息载体，利用认知盈余为他人提供个性化知识技能服务，让社会中的专业人士成为个人的私人智库。这也是现阶段共享经济的高阶产物。

基于本性，人们通常都会妒忌比自己强一点的人，而崇拜比自己强很多的人。于是，不管在任何一个领域，每个人都想见比自己懂很多的人，而不是只比自己多懂一点的人，这也就成了追求真理的不二法门。

于是，当你生病了，你就想见一个疾病领域的权威专家帮你望闻问切；遇到法律问题，就想见一个资深法律专家帮你字斟句酌；你想创业，就想见一个大咖神棍帮你指点江山，激扬文字；迷茫时，就想见一个心灵导师帮你指点迷津……所有的这些需求，都是认知盈余类分享经济平台诞生的前提，更是其野蛮生长的肥沃土壤。

这样平台的主流的模式是导师生产内容并设定话题，比如，你可以聊“从东莞盛衰看中国式客户黏性”，设置好话题后，就可以给自己的服务设置一个价格。接下来，就可以做两件事儿：等着被约和约人。分享经济的第一个重要优势就是“角色互换”；第二个优势便是付费让人与人之间产生了某种“连接”。

首先，真正愿意付费的“知识索取者”才是核心用户，有价值的知识不会永远都免费供应。懂得这个道理，并愿意为知识付费的用户，都有着惊人的忠诚度和传播力。

其次，收费后导师会下意识地有责任、有义务、毫无保留地与大家分享。

我想见你，是人与人之间最基础的社交需求；我想见专业的你，听你认真地细致地毫无保留地分享，是只有在数字化的环境下的认知盈余类分享经济平台才能实现的供需重构。

这种商业模式，不仅可以预见地在呈高速增长的态势发展，同时还可以是一件极情怀的事情。毕竟，传递知识、搭建连接的商业形态可以创造真正的价值。另外，学知识和长颜值具有某种正相关的关系。

分享经济下，知识应该怎样分享

把知识当作商品出售，最早是谷歌在2002年推出的一项功能——谷歌问答，约800多名专家来回答网民通过网页提交的各式各样的问题，每次服务收费2~800美元，谷歌每次收取50美分的佣金。

其实，知识分享在过去一直都存在，因为互联网本身就是个知识分享和传播平台，而将知识分享产业化却是最近两年的事。

从一开始，在行就承担了直接对接知识需求和供给的角色，从重度知识分享切入试水并取得了成功，然而随后立刻便冒出了上百家类似平台，在行受到了从创意到名称的模仿。

就在人们认为在行模式将成为知识共享经济的基本形态时，分答出现了。这是一个比在行更为爆款的知识分享产品，切入点是轻度知识分享市场，参与门槛降低，受众面和覆盖面被打开。

如果说在行解决的是具体成块的问题，那么分答解决的就是碎片化问题。但在现实生活中，用户提出的问题并不一定能找对人，分答较好地解决了这个问题：首先能轻易地找到对的人，其次能以较低价格获得自己想要知道的答案。

分答不是社交网络，而是以知识为纽带的关系社区。里面的主要元素是碎片化的知识分享，用户如果对60秒回复意犹未尽，想获得成块的知识就可以去在行。这就是分答和在行的业务逻辑，两者密不可分。

截至 2016 年 6 月，在分答上，有医学领域答主 5000 多名、教育领域答主 4000 多名、职场导师 3000 多名、科研科普工作者约 2000 名。这是非常健康的数据，是过去各类知识分享平台很难达到的。

知识分享是一种非常难实现的供需对接结构，需要运用高难度的运营策略，必须平衡供给和需求，用完善的机制来解决答主和用户之间的障碍。在行与分答的尝试，为知识分享经济在中国的兴盛，作出了巨大的贡献。

当下，知识分享经济被炒得热火朝天，但把知识变现出售，传播和交流知识、智慧和真理，并不是最终目的，知识难免会堕入商业化流俗的泥淖；同时，知识学习和分享的方式与渠道异常宽泛，过分依赖名人网红的所谓知识，难免会对所谓的权威产生迷信。

从知识分享平台看新经济活力

知识分享代表了智慧分享、经验分享、技能分享，把自己拥有的知识与其他人交流分享，不仅有利于提高自己，还能帮助其他人。路漫漫其修远兮，在知识分享的道路上，我相信所有人会越走越远的。在分享智慧、经验、技能的同时，也能获得相应的报酬，未尝不是一件好事。

处于“互联网+”时代的我们，都会遇到各种各样的问题，如果首先想到的是向同僚或这方面的专业人才寻求帮助，不仅会花费大量的时间，还不一定能解决问题。“互联网+”时代的到来，让信息传播的速度更快，所有人都能以最快的速度解决自己遇到的问题。而在付费获得知识的海洋中，教我吧平台一枝独秀。

教我吧是国内首家技术交流担保交易平台，借助此平台，人们在遇到问题时，就可以第一时间将自己遇到的难题发布到平台上，通过悬赏招标的模式或直接雇佣平台店铺专业大神的模式来解决难题。无论是哪一种，都会帮你解决难题，甚至还会教你解决难题的技术。

教我吧平台的大神贡献的是经验，是智慧，是技能。当然，在为人们提供帮助的同时，他们也能够获得相应的报酬。知识新经济未来的四大趋势为：

1. 富媒体化和社会化分发

随着移动互联网的普及、网络带宽提升和流量成本的降低，知识的生产和传播方式一改过去的传统下载和浏览的图文模式，转向了以音频和视频为载体的富媒体。同时，线上下单，线下提供服务的 O2O 模式也渗透到了知识领域，实现了线上线下的知识分享。

2. 优质知识的地位日益凸显

知识分享，整体呈现出“L”型分布的特点，占比很小的头部知识分享者占据了大量的流量和收入，是优质知识产出的主力军；而大部分知识分享者则是长尾的一员。在这种格局下，知识网红和专业性机构必然会崭露头角。

知识网红是网红经济的一个特定群体，主要是 PGC 专家生产内容中的意见领袖。

将知识网红和分享经济平台有效结合起来，不仅可以放大其导流和变现的价值，还会让知识网红人格化的 IP 产生巨大的变现想象空间。

3. 平台化、融合化与垂直化的升级分化

从平台端来看，知识分享经济呈现出平台化、融合化和垂直化的三大发展趋势。

（1）平台化：例如罗辑思维，从知识分享者向知识分享经济平台转变，打造了更多的知识网红。

（2）融合化：知识分享一般具有交易频率低、交易弹性大和个性化程度高等特点，很多知识分享经济平台都在向个人服务交易平台转变，为有一技之长的个体提供闲置时间和知识技能的分享。这种转化不仅能够让服务品类得到大幅度提升，还能让潜在的交易规模、供需匹配得到大幅提升。

（3）垂直化：从知识分享的专业性来看，垂直领域的分享经济平台也在快速发展，例如金融、医疗、科技、教育等领域，这类平台不仅能够快速将流量和资源聚集在一起，还会极大地提升用户对专业性平台的信赖度。

4. 知识（内容）生态之争初现端倪

从整个知识分享经济的市场格局来看，大部分知识分享经济平台还处于起步阶段，融资轮次少，规模比较小，市场格局不清晰，以优质知识作为流量入口的生态之争，刚刚起步。

做知识分享平台，你行吗？

案例 1：

2015 年 7 月，互联网留学领域推出了一个知识分享平台新产品：爱打钩留学（下面简称“爱打钩”）。

爱打钩，通过 UGC（用户创造内容）的方式为用户提供留学经验和留学攻略等内容，同时还为用户提供留学专家 C2C 服务，向学生和家长提供信息和指导。产品上线不到一个月，就有数十位留学专家进驻，产生了上百篇留学相关的高质量文章。

在留学行业，用户（学生或家长）、留学机构、留学咨询师三方都有各自的苦恼：对于用户来说，信息不对称和对留学操作流程的不熟悉，导致 DIY 非常困难，还要消耗大量的时间和精力，因此约有 80% 的留学生都会寻找留学机构来代理申请办理流程；对于留学机构来说，运营推广费居高不下，消耗了大量的资金，运营压力大；对留学咨询师来说，待遇一般都不高，能力提升的机会也不多，甚至为了避免咨询师接私活，有的留学机构还会故意把咨询师放在后端，咨询师的个人能力和个人品牌自然也就无法获得提升。

一直以来，留学 C2C 都是一个不错的模式，爱打钩就是该领域的探索者，其创始人张仲荣把爱打钩变成了知识分享平台。在爱打钩之前，百度百科、知乎、果壳、在行等都是知识分享平台的典范。其中，百度百科主要是向 UGC 提供客观和标准的答案，知乎则是偏向于由各领域专家有针对性地为用户回答问题和分享观点，而在行则是让专家和用户进行一对一的沟通，有针对性地答疑解惑甚至解决问题。

案例 2：

Flitto 是一款由韩国公司研发的众包翻译平台，用户可以在平台上发布与翻译相关的问题，并设立一定的激励标准。一旦回答者的翻译成果被采用，就会获得相应的奖励。

此平台整合了全世界数百万用户和翻译人员，利用分享经济中的众包模式，将用户的翻译需求推送给不同的翻译人员。通过整合参与翻译的人员的答案，让众包翻译服务更高效、更精准、成本更低。

除了众包的大众服务外，还有“一对一翻译”功能，满足了如学术论文或者专利等更专业的翻译需求，同时翻译者也会获得更可观的回报。

企业的人力资源部应建立有利于知识分享的信息平台，这个平台至少要达到两个目的：

1. 让需要获得分享知识的人知道在哪里可以找到自己需要的知识

一个刚到营销系统上班的员工，根本就不知道自己需要了解哪些分销商的基本资料，这个时候就应该设置一个平台，至少让他知道，作为一名营销人员，需要了解什么知识、如何获得知识。比如，只要进入营销系统，公司就会给每位营销人员指派一名导师。导师会告诉他需要了解企业的发展历史、企业的产品知识、各区域的销售特点、营销人员的基本技能等；同时，导师还会告诉他，这些内容分别需要多长时间去熟悉、在哪里可以获得这些知识。

如此，这种由人力资源部门建设的“师带徒”的制度就起到了信息平台的作用。

2. 让知识拥有者将自己拥有的知识进行分享

同样以上文举的“师带徒”的制度来说，如果营销人员通过一段时间的工作和成长，积累了丰富的营销经验，他就可以将自己的经验传授给自己的“徒弟”。营销人员已经传承了很多“师父”的营销经验，在吸收消化这些知识的同时，还结合了自身工作中获得的经验，最终形成了自己的知识库。这些知识，最终都会通过这个平台进行分享。

这种平台可能是一个网络交流平台，也可能是企业内在的“师带徒”的制度，还可能是固定频率的培训体系、一种轮岗的工作模式、某种确定的书面报告管理模式等。当然，这个平台也可以是一种或者几种方式的组合。

这种平台的建设，有的以人力资源管理部门为主进行，有的以其他部门为主进行，不管怎样，都需要有人力资源管理部门充分参与进来，才能使平台建设效果达到最优化。

探讨知识技能类分享平台付费与免费问题

今天，笔者就猪八戒网、分答、罗辑思维及得到 APP 为例，看看它们能给我们哪些启发。

猪八戒网号称最大的分享经济服务交易平台，是分享知识和技术、创意分享模式的先驱。在众包模式兴起时代，猪八戒网将其他众包网站挑落马下，到分享经济大行其道时融资 26 亿元、估值百亿，猪八戒网看似走得顺风顺水，其实在付费与否的道路上也是一路坎坷。

开始的时候，猪八戒网采用了跟滴滴类似的抢单模式：发布需求，等待投稿；盈利依靠抽佣，开始全部抽取 20% 交易佣金，后来根据会员等级采用不同的佣金标准。可是，在实际过程中，虽然用户规模和交易量增长很快，但收入一直都没有达到预期，呈线性增长。佣金模式让猪八戒网触碰到了众包模式的天花板。

2015 年 7 月，猪八戒上线天蓬网，改变了需求方主导的抢单模式，变身为设计师主导的作品展示、接单模式。这种烈士割腕式的壮举表明，猪八戒确实已经意识到了佣金"有毒"。更大的挑战是：和所有从知识技能服务切入的平台模式一样，他们面对的是还未养成付费习惯的用户，以及非标、低频、需要深度沟通的知识技能型服务难以杜绝的"私奔""跳单"等现象。

或许正是因为这些，才有了"八月八免单日"。与其说这是一场前所未有的免单服务狂欢日，引爆了创业狂欢，助力创业者创业；不如说，猪八戒网是在尝试从供给侧和需求侧上发力，完成对用户绑定和留存，通过订单的切入来为目标企业提供服务。

从这个层面来说，猪八戒网在收费上的取舍根本不是为了刻意营造一个可有可无的电商节，而是在试探知识分享领域供应端、消费端和平台等还有无其他组合可能。

不管要不要钱，都得从这些开始。钱财不是最大的成本，协调成本才是，包括时间成本和信任成本。真正有实操经验的行业大拿最稀缺的是时间，而不是那几百块咨询费。而对于一些特定人群，比如：视时间为生命的精英人群、求知若渴的"五好青年”、追求仪式感的狂热粉丝等，收费并不困难。但依然要摆正态度，重视以下原则。

一、跟草根建立良好的互动关系

在知识技能类分享链条中，生产者和消费者重新被定义，用户既是知识信息的生产者，也是消费者；好问题跟好答案一样珍贵，都是优质内容的重要标准。在这里，所有人都是平等的，单纯依靠大V（指经过个人认证并拥有众多粉丝的微博用户）、大咖、网红撑起的平台，一旦热情消失，就会因为没有扶植足够多的草根而丧失生命力。所以，不要对大V、大咖等产生太多的依赖，要跟草根建立良好的互动关系；不能只关注头部用户，更要抓住持久的长尾，因为它们才是决定平台生死的命脉。

二、要重视扎根在某一个领域的专家

如果知识技能型平台只能给大V带来福音，无法给普通用户造福，那么真正享受到红利的只是初期的大V。一旦冷落了大多数用户，知识就不会因分享而流淌了，反而会因为大V的存在而阻塞。所以，要重视扎根在某一个领域的专家。他们不在乎一时得失，重视长期效益，喜欢细水长流。平台需发挥自己的连接价值，快速匹配，让普通知识技能人群加快能量释放。

案例：南专头、北在行的知识分享商业模式

如今，借助互联网的大潮，分享经济逐渐成为市场及资本追逐的风口，涌现出一批以分享模型为模式的互联网企业巨头；产生了大量利用分享经济模型原理的创业项目。

当然，这股浪潮还波及了人类最传统的分享经济领域：知识分享。其让经验、知识和技能随时可分享，不再是某个人、某个公司内部的独立拥有物，让经验和技能更好、更方便地传播给他人，同时营造出一种技能、经验需有偿获得的正能量氛围；让人们更愿意尊重经验、技能和知识以及获取过程。

目前，市场上还涌现出很多知识分享型平台，比较领先的有两家：一个是位于北京的在行，一个是位于深圳的专头。二者都以知识分享为目的，目前已经领跑整个知识分享市场。

下面，笔者分别从两家的定位、业务模式、商业模式、运营等各个方面进行对比，以达到抛砖引玉的效果。

一、定位不同

专头的定位是“企业家的微顾问平台”，口号是“找到专头，做好企业”，其知识技能所服务的对象是企业家及其企业的发展诉求。

在行的定位是“领先的知识分享平台”，口号是“行家指路，少走弯路”，其技能

和经验拥有者所服务的对象是需要提高的个体。

从长远发展看，由于二者的定位不同，自然会在后续的运营、业务模式和商业模式设计和发展路径上体现出差别。

二、后续业务发展不同

二者的业务模式相似，都是让发展技能和经验的拥有者入驻其平台。专头平台称这些人为“专头”，对应的需求方称为“企业家”；在行平台称这些人为“行家”，对应的需求方称为“学员”。

从名字上看，“在行”的名称更容易让人理解；但因为二者在定位上的区别，后续的业务发展上会呈现出不同。比如：专头的后续业务模式会围绕企业发展的属性去设计相应的专头技能、服务方式和服务种类。

三、商业模式不同

目前，二者都还没找到最优的盈利模式，二者均不在约见辅导费用中提取佣金，全部给服务者。可以看到，二者都利用平台资金沉淀带来的收益，但收益的规模不大，还需要继续发掘其他更好的变现模式。

1. 在行推出了产品分答，通过向技能和经验拥有者短时间提问，低成本获取知识和经验。平台通过提取答复者的佣金获利，还推出了“答案可以分享给别人听取”的模式，让量级进一步扩大。

2. 专头为了应对在行的咄咄逼人，推出了短小信息分享的产品——人民打听。人民打听是一种以提问者为中心的问题发问模式，通过赏金可以让发问者的问题尽快得到回答。如果答案被采纳，平台和答复者分享赏金；同时，还允许问题被接力转发，参与接力者都有权利分享赏金。

四、运营模式不同

鉴于二者定位的不同，再加上分答和人民打听业务模式的差异，二者的运营模式自然差别很大。比如：专头的整体运营模式是农村包围城市，从下向上发展，经常聚集企业家举行各种线上、线下的培训和活动，线上的微信群非常活跃。

第 7 章

金融服务分享：新型融资模式

赚钱、借钱，分享经济在金融市场里还能做什么？

投项目，找资金，为什么分享经济的金融服务看起来更简单？

变革互联网金融跨界

站在“互联网+”的风口上，互联网金融必然会迎来跨越式发展，无法阻挡地成为分享经济的一部分。互联网金融有三个核心部分：支付方式、信息处理和资源配置。在分享经济的大背景下，必须促进互联网金融向其他行业的深度渗透，实现产品与服务要素的资源分享和重新组合。

随着一系列法律法规的实施，互联网金融已开始步入规范和健康发展的轨道。在分享经济下，互联网金融应充分把握和发掘新的发展机遇，在促进自身规范、健康发展的同时，支持分享经济的发展。分享经济情境下促进互联网金融发展的建议如下：

一、加快互联网金融立法

互联网金融发展速度已远超预期，在其发展过程中也产生了很多风险隐患，不快速立法规范，可能会引起更大的风险。因此，要充分考虑互联网金融的特点，加快互联网金融相关法律法规体系建设，具体措施为：加快互联网金融发展基础性法律立法；修正和完善互联网金融配套法律体系；制定互联网金融相关的部门规章和国家标准。

二、强化互联网金融监管

互联网金融是一种新兴的金融模式，现有的金融监管体系还没有完全覆盖此模式，存在一定的监管缺位，例如：银行的互联网金融业务服从银监会的相关监管，以阿里金融为代表的小贷公司由地方政府监管，以宜信为代表的人人贷业务则无明确的监管部门，主要依靠行业自律。只有尽快完善互联网金融的监管机制，才能实现包容创新，才能确保监管到位。

三、完善互联网金融配套征信系统

目前，征信都是从央行的征信中心、工商局的中小企业中心等获取，无法涵盖企业完整具体的经营活动，作用有限。因此，一定要重视征信系统的完善：建立覆盖全社会的征信系统，对有债权债务关系的相关利益人提供这类准公共产品，有效降低审核成本和坏账率，保护个人隐私；在征信上，要形成行业内部征信体系，并与整个外部征信系统对接，开放与分享相关的信用数据。

四、重视互联网金融消费者保护

互联网金融的便利性让每个人都可以成为互联网金融消费者，可是金融交易内在的复杂多样和专业性依旧存在。与高技术的互联网行业结合在一起，消费者准确理解和掌握互联网金融产品及服务的难度自然会加大，这就使得交易安全、个人信息泄露、资金亏损等风险渐渐暴露出来。因此，要更加关注和重视金融消费者权益保护。

“‘互联网+’金融”打造分享经济新模式

分享金融是以分享经济为基础的金融创新，满足了经济转型的迫切需求。近年来，中国金融体系的矛盾进一步凸显，分享金融理论的提出也为金融的自我完善和创新提供了新思路。

互联网、区块链和大数据等新兴技术是分享金融发展的动力和基础，科技金融是分享金融的实现途径之一。值得注意的是，科技金融不能代替传统金融的作用，只能为传统金融容易忽视的地方提供服务，比如：小微企业、个人投资者、中小创业者等。

分享金融作为一种全新的概念，理论实践刚刚起步。在姚余栋、杨涛两位博士主编的《分享金融　金融新业态》一书中，首次（国内）提出了“分享金融”的概念，并从理论、实践、制度等多个方面进行了创新探索，系统地对分享金融进行了全面的解析。

分享金融必然大有可为。“‘互联网+’金融”主要有以下几种模式。

一、第三方支付模式

第三方支付在互联网金融中所起的作用，类似于一个四通八达的交通系统，连接着投融资双方、第三方金融平台、银行等各角色所拥有的资金，而在过去各角色之间的资金流动是缺乏效率和安全性的。

二、金融产品销售平台

到目前为止，第三方基金销售平台主要还是基金超市，并没有改变传统金融产品的业态，只是利用互联网形成了新的销售渠道，这只是一种初级形式。目前，国内第三方基金销售机构已经在一些方向进行了尝试，开始在渠道、产品两个主要方面进行创新。

三、互联网小额贷款

互联网小贷通常是指：小贷公司基于互联网完成贷款项目的获取、审核和资金的发放、回收。阿里小贷是互联网小贷的典型。

阿里小贷是由阿里巴巴旗下两家小贷公司所开展的小额贷款业务，产品分为信用贷款和订单贷款两种。阿里小贷的贷款项目获取及审核主要是基于互联网平台来完成的，是典型的互联网小贷。

四、P2P 平台贷

P2P 通过互联网实现借款人和投资者跨域物理界限点对点直接借贷，实现了资金流和信息流的直接交互，脱离了传统的金融媒介。

国内 P2P 行业发展的模式大致可分为三类：以人人贷为代表的“线上+线下”模式，以拍拍贷为代表的纯线上模式和以宜信为代表的“线下为主”模式。其中，以人人贷为代表的“线上+线下”模式是主流模式。

五、众筹融资

众筹融资通常是指：项目发起人通过互联网平台向大众筹集资金，具有融资额小、融资回报方式多种多样等特点。研究显示：全美第一大平台 Kickstarter 单个项目融资额基本上不超过 100 万美元。

让更多人享受金融服务

2014 年 10 月 16 日，阿里小微金融服务集团以蚂蚁金融服务集团的名义正式成立，旗下的业务包括：支付宝、支付宝钱包、余额宝、招财宝、蚂蚁小贷和网商银行等。

此外，围绕线下的消费与支付场景，支付宝钱包还推出了“未来医院”“未来商圈”“未来出行”等计划，拓展不同的应用场景。

从本质上来说，分享金融是整合优化线下金融资源，实现供求双方直接交易。分享金融的概念深入揭示了互联网时代带来的金融模式变化与互联网金融、金融市场化、普惠金融、金融服务实体等金融功能变革。

这种互联互通打破了传统工业社会分工愈细、专业化愈强的社会结构，形成了产业链垂直整合或横向开放，形成了产业链、生态圈甚至生态面的格局，不仅能够实现去中介化，还可以拉近价值创造者和价值需求者、资源拥有者和需求者的供求双方信息的直接距离，提升生产、资源利用等领域的效率。

分享金融的核心是：借助互联网技术、云计算、大数据等，使得金融资源在更宽广的范围内进行更合理、更有效的配置，并在金融风险控制和金融监管方面提供新的方法和路径。

金融业是一个丰富的大行业，细分子行业多，机构数量众，资源的配置存在着巨大的不合理和不平衡。分享金融可以让更多人享受到金融服务。

金融服务可以满足广大客户的投资、融资和支付等需要，比如：互联网金融平台可以让借款人在几分钟内借到钱，余额宝可以让几元钱的投资获得可观回报，微信支付和支付宝更是让零星支出变得方便无比……这些都是分享金融带来的实惠。

如今，在投资、融资和支付领域，分享金融才刚刚开始。但可以肯定的是，这一趋势已经形成，未来必然会以超出大多数人预料的速度呈井喷式发展。

融资贵是因为融资难，当分享金融使得金融资源配置效率大幅度提升后，同样的金融资源就可以发挥更大的效用。不断降低金融资源的稀缺性，不仅能够让融资变得容易，还能够降低融资成本。比如，大数据的运用，使得个人征信和小企业征信得以完善，风险计量更加精确；在对风险合理定价的前提下，不仅可以加速小额贷款的发放，还能让贷款区别定价成为现实，让好企业以合理价格迅速得到资金。

随着分享金融理念在传统金融业务的各个环节得到广泛应用，包括市场研判、客户服务、产品定制、风险计量等，必然会从整体上提升传统金融体系的效率，逐步破解融资难、融资贵这一金融难题。

打造“智慧银行”生态圈，开启银行服务新模式

华夏龙网是华夏银行电子银行整体服务品牌。2014年起，该行电子银行全面向“智慧电子银行”转型，通过“智慧网银”“智慧移动银行”“智慧客服”等服务，引领客户全面进入“智慧金融生活时代”。

华夏银行广州分行还对有车一族生态圈、旅游休闲生态圈、医疗生态圈做了大胆尝试，积极与炙手可热的电商平台进行对接，客户在使用电商平台提供的服务时，可以尽情享受到移动3.0时代带来的便利。

“智慧移动银行”包含智慧汇款、智慧取现、智慧订票、智慧观影等功能，将客户使用最多的汇款、取现、订机票、电影票等金融和生活服务纳入服务，实现了一站式“移动”金融生活。

智慧订票，客户无需登录即可随时查看优惠航讯。选择想要的机票后，可轻松完成支付，省时省心。

智慧观影，免去客户提前到影院选座、购票的麻烦，手机选座订票一气呵成，热档大片快人一步轻松观看。

智慧客服，包括95577客服中心智慧导航、智慧收付、智慧理财、智慧提醒、智慧识别等功能。

智慧理财，让客户通过电话银行购买或赎回理财产品、办理银证第三方转账、黄金

买卖、基金买卖、约定转存等，及时调拨资金、投资理财。

……

未来是一个什么时代？未来是智慧银行的时代。

所谓智慧银行，是指在分享经济的生态体系下，运用 ICT（信息通信技术）的创新技术和人类智慧，打造具有“智商”的银行，更好地为客户提供高效、便捷、泛在、一站式的综合性金融服务。

与传统银行相比，智慧银行需要在商业模式、运营模式、业务模式、盈利模式等方面进行创新转型，具体包括以下几个方面。

一、建立以 Faas（金融即服务）为核心的商业模式

如今，商业银行还未真正了解客户，表现更多的是“以产品为中心”，而不是以客户的需求为中心。建设智慧银行，不仅要从根本上重新思考和设计现有的业务流程，还要专注于改善客户的整体体验，要将更多的控制权放在客户手中。

在技术和制度的双重保障下，Iaas（基础设施即服务）、Paas（平台即服务）、Saas（软件即服务）将逐步演进到 Faas。

二、创新“去边界化”的运营模式

目前，金融服务对象的主体正逐步转向小众“长尾”客户——数量庞大且单体需求量有限。为此，银行应以 C 端为中心，以客户新需求为标准，实现线上与线下的互动协同、交叉引流，形成一个多场景、全触点的O2O价值链，创造一个完整的金融生态圈。

未来，银行的服务将成为所有用户的基础设施，“人人是银行”的概念将会实现。通过各种移动设备，银行服务无时无处不在；银行不再是一个地方，而是一种行为，客户可以用适合自己的最佳方式来享受银行服务。

三、建立“数字化”的业务模式

在“互联网+”时代，如果不想被数字化浪潮所被颠覆，商业银行就必须加快信息技术与金融业务融合，积极推进数字化经营。为了实现数字化企业这一目标，有三条路径可供选择：营销和客户渠道的数字化，运营和流程的数字化和业务模式的数字化。其中，前两种模式更多地从银行的渠道延伸和提高成本效率的角度来看待数字化，而第三种模式则从客户角度去看待数字化。

四、构建“分享”的盈利模式

分享经济是一种新型的制度安排和模式创新，为银行的发展理念和服务方式带来颠覆性的变革。分享金融是运用互联网技术与分享精神实现资金融通和金融服务的新兴金融模式，更民主，更普惠。比如，P2P网贷和网络众筹等项目在互联网平台的支撑下，使私人资金盈余得到快速的分享，实现了资金供需双方直接匹配，削弱了传统金融中介的作用。因此，要想实现发展，银行就要构建新的盈利模式。

从光大银行的实践看如何构建开放金融战略

2015 年 6 月 16 日，中国光大银行移动金融战略及新品发布会在北京召开。光大银行从本地化生活服务角度出发，整合跨平台合作资源，全面升级 M- Ebank 移动金融产品，打造出了涵盖吃、住、行、用、财、沟通、健康在内的“易+”生态圈，用户可以轻松体验金融服务。

金融服务不仅是柜台内外的现金交易，随着移动金融的不断深化发展，光大银行建立了新的战略构想——让金融融入生活，将移动金融打造成一套完善的生活服务解决方案。截至 2015 年 6 月，光大手机银行客户数多达 1600 万，累计交易金额突破 1 万亿，微信银行客户数超过 500 万户。不可否认，手机银行和微信银行已成为光大银行移动终端上的重要服务窗口。

移动金融产品受众人群具有年轻化、时尚化的特点，除了传统金融服务外，对吃、用、行等生活服务更加关注。光大银行创新性地融合、开放了第三方合作业态，将成熟的金融服务融入到生活场景中，创造出了移动支付、移动生活、移动社区、移动营销四大服务板块，打造出了具有开放性、兼容性并可广泛应用的移动金融体系。

光大银行 M- Ebank 移动金融产品的升级特色在于：让每个产品都成为生活服务的通道，融入本地化、场景化的生活服务内容。比如：全新布局的手机银行 3.0，不仅具备本地生活服务、金融交易和在线互动三大特色，还能为用户精准推送出限时特惠活动，营造出随时在身边的理财专家形象；微信银行3.0中的“卡管家”“爱生活”“购精彩”“微商城”，收纳了银行卡管理、生活缴费和周边商户优惠活动等内容。

同时，瑶瑶缴费还面向银行客户，开放了智能手机客户端，支持近500项缴费服务，服务领域扩展到医食住行等各方面，实现了从金融服务到生活服务的全面升级。

光大银行云缴费与小米手机展开合作，并以此为开端，全面铺开了移动平台合作渠道，应用覆盖更广泛，为消费者打造了好用、易用、实用的金融服务产品。

通过众多银行的实践，可以总结出构建开放金融战略的通用方法。

一、使用比拥有更重要

基于分享经济时代的特征，对于分享经济时代的开放金融来说，使用比拥有更重要。光大银行积极打造了开放式的金融平台。该平台面向包括光大银行客户、非光大银行客户在内的所有用户，努力为用户提供更好的金融服务体验。

光大银行目前的开放金融战略就是：借鉴互联网思维，利用互联网技术，通过“金融服务开放平台”，充分利用线上线下智能化、一体化优势，在账户、支付、缴费、理财、电商、融资等六大业务领域与互联网企业展开合作，为互联网用户提供开放服务。

二、惠及大众的金融革新

自2008年开始，光大银行历时多年打造出了中国最大的开放式网络缴费平台——云缴费。2015年，云缴费年交易笔数突破1.3亿，公共事业缴费项目覆盖了29个省的近 300 个城市。

云缴费是光大银行互联网精神、普惠金融理念最显著的体现之一。该平台是一个开放式基础服务平台，不仅接入了光大银行网点、网上银行、手机银行、微信、ATM 等十多个自有渠道，还可以同步接入其他金融机构及第三方支付公司，真正实现了“便民、惠民”的服务宗旨，全国主要城市的居民都可以通过此平台轻松缴费，更开放，更便捷，延展性更强。

三、朋友圈里玩电商

随着手机和微信日渐成为老百姓生活、娱乐和消费的主要交互入口，2015 年真正成为了移动金融元年。

微信作为社交平台，为我们搭建了一个基础框架，并提供相应服务，使用者可以根据自己的需求进行发挥。光大银行紧跟社会趋势和市场潮流，与微信进行合作，开设了首家微店。除微店外，光大银行还自建了电子商务平台——光大“购精彩”商城，为所有客户精心打造了专业化移动金融服务。

在开展社交活动过程中，庞大的客户群自然会产生大量账户管理、信息查询、支付结算、电子商务等相关需求。银行开通微店，将社交平台从服务、宣传窗口进一步升级为产品销售渠道，实现了在社交平台“营销宣传—产品销售—服务支持”一体化的服务模式。

案例：网商银行的运营探索及技术支撑

网商银行是国内首家互联网银行，其以服务小微和普惠金融为己任，理解小微客群的痛点，经过了半年多的探索，在场景金融、平台金融和农村金融等方面都做了很好的尝试，闯出了一条开放分享的金融服务之路。

网商银行全面应用了蚂蚁金融云，在大数据、安全云、移动云、开放平台等方面对业务提供了强大支撑 。下面，笔者就网商银行的运营探索，以及支撑这些探索的技术创新进行探讨。

一、场景金融

在场景金融布局过程中，关键要解决以下两个技术问题。

1. 高效性。要想让金融服务快速布局到各场景中，网商银行提供的金融功能就要具备良好的客户体验、跨平台能力、快速升级能力和渠道可控性。以无线应用为例，网商银行基于蚂蚁金融云的移动云（简称 Mpaas）开发。Mpaas 主要有这样几个特点。

（1）集成了蚂蚁金融服务多年在无线应用开发领域积累的 UI 组件和规范，能够快速应用于客户体验。

（2）集成了 HTML5. 0（简称 H5）容器，支持使用 H5 开发应用前端，能够快速适配不同平台。

（3）具备自动升级服务、热发布等能力，能够支持快速升级。

（4）拥有丰富的应用组件，例如：支付宝支付组件、二维码、设备信息、配置服务、人脸识别、证件匹配、定位等，让应用变简单。

（5）具备渠道运行监控的能力，能够对各场景渠道的运行状况及运营效果进行有效管控。

2. 安全性。安全性是金融服务必备的内在品质，在拓展各个场景时，网商银行提供的金融功能需要具备“端、管、云”协同的多层次、全覆盖的安全防护能力。

（1）强化场景入口的安全性。通过 Mpaas 提供的标准终端 SDK（软件开发工具包），采集场景入口的主要终端设备数据、环境数据和操作数据，以及网商银行特有的入口设备指纹等模型，做好场景入口环境的联防联控。

（2）在服务端安全方面。使用蚂蚁金融云上特有的安全管理中心，集监管合规、基础安全、安全运营和安全技术审计为一体，有效抵御针对服务及应用的恶意入侵。

（3）在账户操作及交易安全方面。利用蚂蚁金融服务独有的大数据实时风控技术（UCT），参照客户历史行为特征及普通客户正常的行为特征数据，按照一定的风险控制规则，对客户在网商银行系统上的所有操作行为，如：登录、转账、支付等进行识别、评估，对风险实施有效的控制，妥善进行风险处置，用合理的成本来实现安全保障最大化。

二、平台金融

凯文·凯利（kevin Kelly）在预测未来 12 个趋势时谈到："银行的产品与服务势必将朝向以开放、分享、创新、个性、普惠为特征的互联网精神发展，更大地发挥互联网低成本、高效率、开放式、无边界、平等普惠的优势……在具体业务模式上将涌现出更多自金融、微金融、草根金融、普惠金融等创新业务模式。"

近年互联网金融风起云涌，有传统金融机构推出的"金融+互联网"模式，也有互联网平台推出的"'互联网+'金融"模式，还有传统金融机构与互联网平台"联姻"。

在这些互联网金融探索过程中，有三个矛盾并未得到很好解决：投入成本与盈利要求的矛盾；机构规模与实施难度的矛盾；普惠金融与风控能力的矛盾。这些矛盾的存在使得许多中小金融机构和互联网平台都受限于成本、经验、能力等因素，虽然有开展互联网金融的冲动，但无法快速独立实施。

网商银行作为民营银行，肩负着普惠金融的使命。仅靠自己的力量，能够服务的客户非常有限，而网商银行则可以帮助更多的互联网平台和中小金融机构开展互联网金融。

一旦三方联合起来，就可以发挥各自的优势：网商银行可以输出大数据风控能力，中小金融机构输出资金和资质，互联网平台输出场景和客户……由此，互联网普惠金融就一定能爆发出巨大的能量，满足更多小微客户的金融需求。

三、农村金融

网商银行面向农村推出了融资产品旺农贷，在很短的时间里就覆盖了 24 个省，累计为近十万农户提供了服务。

为了保证调查审批资料的真实性和及时性，该移动应用中集成了 Mpaas 的地理位置信息采集、拍照或视频加密存放、照片有效期限制、设备指纹信息识别等能力，保证调查员会在客户现场及时处理农户申请，避免耽误资金使用。

随着“互联网+”的深入推进，互联网催生的连接必然会打破传统社会经济中孤立的服务形态，互联网与金融机构的合作也会逐渐增多，各类金融要素也会形成更多的连接和组合，一旦发生化学反应，互联网金融就会成为一种全新的金融业态。

网商银行要实现金融与科技的有机融合，就要不断地研究和应用互联网新技术，让金融发挥科技价值，科技拓展金融边界，最终成为金融科技公司的领跑者。

第 8 章

跨界整合分享资源

内容、商品、资金，怎样的分享是跨界的？

渠道、资源、人才，哪种整合才是更高明的？

跨界为王，让分享经济收获“1+1>2”的效果

2016年9月6日，花椒直播（以下简称“花椒”）的一条官方视频引起了轩然大波。视频内，花椒的全新跨界饮品花椒之液首次亮相。此视频曝光了花椒之液的制作流程：其选用花椒之乡优质贡椒和神秘配方，经过28道工序精制而成，力图打造“舌尖上的精华”。

当下正热的直播行业竟跨界做起了饮料？格外惹眼的举动，引得网友纷纷猜测花椒此举之用意。看完视频，网友们纷纷围观留言：“到底在哪里能买到？花椒水究竟是什么味？”甚至有部分网友感叹“简直是饮料界的‘泥石流’”。众网友猜测好奇，议论纷纷，相关养生专家却发言力挺。

从直播行业到饮品业，花椒的这一跨度非常大。不仅网友们感到好奇，连一些行业人士都对花椒的这一大胆尝试感到惊讶。其实，此款产品就是2016闪耀星芒颁奖盛典（花椒之夜）的指定饮品。花椒跨界做酒水，将品牌宣传与产品销售同时进行，一举多得。

近两年，网络直播成为普通民众的头号新宠。随着直播大潮的不断升温和参与者的全民化，单一的秀场模式已经无法满足所有用户的喜好，直播平台的内容创新也就成了大势所趋。为了在竞争中一举夺冠、提高人气，就要推出吸引消费者注意力的直播新玩法。

一、跨界时代的到来

中国移动和中国联通竞争了很多年，如果不是因为“一脉相承”，竞争一定会更加惨烈。而同一行业内的资源整合，只是圈内的自我摸索。微信出现后，两家公司才明白，真正的竞争对手不是彼此，而是跨界的微信。过去微信发信息免费，现在居然打电话也免费，如果不是因为实力雄厚，这次的跨界打击足以让两个公司毁灭。

跨界的资源整合，并不是为了解决目前的困难，而是一种更长远的考量，可以降低未来的不确定性，将更多的不同行业的资源集聚在一起，必然会产生更大的能量。

如今，跨界资源整合的时代已经到来。不敢主动跨界整合资源，就有人跨过来“打劫”。未来十年是一个跨界竞争的年代，竞争正在全方位、全时空、多维度地展开。在这个过程中，原来的商业规则必然会被推倒重构，唯一不变的就是变化，而要想适应这种变化，最好的方式就是跨界进行资源整合。

今天，人们听到最多的就是：经济增速放缓。放眼望去，各行各业都站满了人，跑道上已经没有新的落脚地，这是改革开放 30 多年取得的成果。那么，对于我们这一代人，该如何把握机会，在夹缝中寻找到新的商机呢？

首先，就要有跨界思维。要通过跨界思维把各行各业最顶级的资源进行重新配置，形成最强大的“航空母舰”。在这方面，践行最好的是雷军，小米的手机销量保持在前三名，虽然小米公司并未拥有手机工厂，但每个零件却都在各个行业中最牛，这就体现了雷军跨界整合的能力。

资源整合是社会发展的一大趋势，而趋势就像一匹马，一味地跟在马后面追，你永远都追不上；只有骑在马上，才能跑得与马同样快，这就叫“马上成功”。使用跨界思维，突破传统的惯性思维，超越传统的经营理念和商业模式，才会获得超越别人的成功。

二、格局有多大，资源整合能力就有多大

2013年10月，阿里巴巴马云、腾讯马化腾、中国平安保险马明哲坐到了一起，中国首家互联网保险公司正式成立，注册资本10亿元，推动保险和互联网跨界。

跨界是难，不跨界是死。跨界，最难跨越的不是技能之界，而是观念之界。隔行如隔山，影视界的钟镇涛，做生意失败背负了巨额债务又重新回到演艺圈演戏还债。可是，这不是跨界的资源整合，而是换行。

跨界整合资源并不是说，需要将自己原有的资源都抛弃，选个新领域重新开始；而是利用自己最擅长的资源和其他行业的资源进行互换，你中有我，我中有你，资源共享，提高成绩。很多人都标榜自己在资源整合，其实都是行业内的窝里斗。

你的格局，决定了你的一切！格局有多大，资源整合能力就有多大。

跨界“初心”最重要，粉丝分享方可双赢

跨界风的兴起，以极快的速度打破了传统行业边界，原本毫无关联的两种概念竟然

可以结合到一起，并发挥出更大的魅力。比如：酒店开设了美甲店，书店卖起了咖啡，KTV 可以提供简餐，餐馆晚间成了酒吧，洋快餐卖起了中式油条……

作为当下最为火热的新型商业模式，无论是零售、产品、服务、文化中的哪个领域，跨界都是对原有商业模式的历史性颠覆，也是深入了解、满足消费者需求的新途径。

当然，实现成功跨界，“初心”最重要。“初心”正，则企业正。比如，阿芙精油向美食店雕爷牛腩的跨界，在经营上独辟蹊径，引得餐饮从业者纷纷前去探店，其初心就在于创始人对餐饮的执着。

在互联网时代，用户是产品核心，用户体验是王道。当然，一款产品，如果想达到极致的用户体验，并不能仅仅靠吆喝。持续保持对用户的吸引力，把用户打造成铁杆粉丝，才是不断发展壮大的根本。

一、线上线下，协同效应

2015 年 4 月 29 日，快牙携手黄晓明，开启了电影独家视频赢大奖活动，共 8 天时间。活动期间，用户只要使用快牙，就能获取黄晓明与《何以笙箫默》的独家视频；通过快牙将视频传输给身边好友，就有机会获得黄晓明送出的惊喜大奖及电影票。

此次活动，快牙设置的规则非常简单：传播视频给好友的人数越多，中奖的概率也就越大。据快牙官方统计，活动期间，共有 1400 万快牙用户获取了电影独家视频，该视频被累计传播超过 2000 万次。

接着，5月14~18日，快牙再次牵手黄晓明及《何以笙箫默》宣传团队和乐视，三方联合进行了持续曝光传播，在黄晓明官方微信和微社区开展了大转盘活动，快牙官方开展了微信答题有奖活动，乐视在自己的流量平台对活动做了曝光……另外，快牙还组织了线下包场观影活动，延续了线上营销的势能，打通了线上线下的营销链条。

常规来讲，互联网及移动互联网品牌更多会采用线上营销方式，更喜欢简单明了的广告模式，诸如：投放电子屏，送平台内代金券或其他关联产品。如此，从用户角度来讲，线上到线下其实有更好的延续性，用户参与体验感会大大增强；从操作上来讲，直接砸钱会比互动更加简单快捷。只不过，和直投广告比较起来，粉丝运营能更好地拉近用户与品牌之间的距离，搭建起沟通桥梁，借助粉丝经济的能量，达到一呼百应的效果。

二、明星效应放大粉丝经济势能

其实，快牙和黄晓明、乐视合作宣传《何以笙箫默》，在传媒行业内也是一种首创。从线上线下活动来看，很容易了解到营销活动的设计理念——好玩—参与—分享—受益。

从营销活动环节设计来讲，首先，应确保活动有吸引力，快牙结合黄晓明粉丝影响力，完成了第一步。其次，通过黄晓明的介入及乐视平台的资源传播，实现了用户的广泛参与；通过手机、电影票、话费等易于领取的奖项的设置，引发了用户之间的良性竞争和链式传播。

另外，从传播效果来看，此次活动一方面借助了黄晓明的名人光环，拉动粉丝参与了进来，放大了粉丝的传播效果；另一方面深度植入《何以笙箫默》，为黄晓明主演的影片做了二次营销。

从整体上看，携手明星与粉丝互动，其实是一次活动发挥出的二次效应，最大限度地发挥了粉丝能量，实现了合作双赢。

目前，互联网企业除了使用常规推广营销渠道外，还得想一些新玩法，建立企业与用户的沟通渠道；必须依托自身的内容建设及用户互动，借助明星的影响力，营造深度的用户参与感，这才是制胜的王道。

三、三方合作有何深远意义

从结果看，通过此次跨界营销，快牙有效联合了三方资源。快牙、黄晓明以及乐视的合作是三方共赢的。此次三方跨界营销也给我们带来了以下几点启示。

1. 抓住兴趣点，移动应用营销还可以娱乐化。在移动应用行业，常规推广营销方式可能会首选应用分发市场、广告投放等形式，而此次快牙跨界营销本身就具有极高的娱乐化倾向。在整个营销活动中，快牙既是组织者，也是参与者，其抓住多数 80、90 后都喜欢娱乐明星的特点，放大了自身的平台营销传播力，用娱乐精神玩转跨界营销，取得了理想的效果。

2. 极致的用户体验，快牙去中心化分发平台尽显潜力。快牙既是一款移动传输应用，也是一个去中心化的分发平台。在此次跨界营销活动中，快牙结合自有近景传输平台上牙粉一对一口口相传的传输功能，充分展示了其帮助电影分发的潜力和优势。

3. 建立有效的沟通机制，提升粉丝粘性。快牙此次跨界营销活动的成功，离不开粉丝的参与及支持。

战略+人才+平台，打造互联网生态圈

2016年11月26日，深受年轻人喜爱的《快乐大本营》（以下简称“快本”）牵手映客玩起了直播。在游戏环节“声音的映客直播间”中，潘玮柏不顾形象秒变“吃瓜群众”。在“绕口令比拼”环节中，乐坛“老司机”羽泉、凤凰传奇、潘玮柏、刘维频频翻车，爆笑全场。

映客直播是一种新的实时分享方式，所有的快乐会在同一时间跟千万人一起分享，快本借助国内最大的移动直播平台，会将这种快乐影响到更多的人。快本导演认为：新一代观众眼光越来越挑剔，映客及直播元素的注入让传统的综艺节目焕发出新的活力，更符合时下年轻人的生活方式；而对于映客，与快本的此次合作，无异于给用户赠送了一个“快乐大礼包”。借助传统综艺节目的内容沉淀，让直播在互动性和内容品质上都上了一个大台阶。

随着互联网的迅速发展，用户对直播的内容也越来越多元，直播平台只有不断地进行内容创新和升级，从高品质、高频率迭代的运营方向满足用户对直播内容的需求，加大对优质内容曝光率，才能培养出用户对直播平台的偏好和依赖。

作为直播界的领头羊，映客是业界效仿和研究的标杆。自 2016 年 4 月起，映客直播就与多个领域展开了深度合作，比如：《我是歌手》现场直播、Big Bang 演唱会直播……都显示了映客在 PGC 内容上发力。

“内容” + “互动”，才是社交的本质。社交，是直播的核心属性，而社交突围的关键是实现与用户的良好互动体验，简单来说就是，让用户觉得“好玩”。映客在产品社交玩法上不断推陈出新，开发了连麦技术、精彩回放、私密直播、智能实时美颜及“我的一天”短视频等新功能，优化了用户社交体验，让用户更愿意分享快乐。

另一方面，从运营角度来说，开创更多的跨界联动方式，引入内容和互动，在与快本的深度合作中，映客还开展了“快乐大侦探”活动。在每个映客直播间，网友只要领取设定的问题并回答任务，就能够获取映票。活动一经发布，便在直播、微博、贴吧等平台引发了热议，甚至成为各大直播间讨论的热门话题。

这种方式打破了传统媒体与移动媒体的边界，为双方制造了更多的可玩性和话题，让直播的社交体验更加多元化。

1. 打造互联网生态圈

在互联网浪潮中，跨界共创是互联网市场发展的主流趋势。众安保险是拓荒者，其从电商场景切入，对风险保障策略不断探索，积极与第三方社会化平台合作，成功实现了多领域的跨界与空间融合，并以特有的技术优势为核心，通过 O2O 平台等众多产业链，将整个投保流程嵌入合作场景，实现了经营对接与数据对接。

电子商务已成为与人们生活密不可分的一部分。众安保险响应这一商业场景，以最快的速度抓取热点需求，细分服务领域，为用户设计出一系列保障型产品。

众安通过大数据分析发现，在不愿尝试上门服务的用户中，71.12%的人担心“让陌生人到家里不安全”。为了满足这一场景化需求，众安为美业、家政、洗衣、私厨、维修、家装、代驾等上门服务的供需双方设计了无忧保计划，给用户和服务人员都提供了可靠的保障与承诺。

在O2O短租领域，众安与爱彼迎、小猪短租社交住宿平台合作，为旅客与房东的人身安全及财产安全保驾护航，让用户安心地享受由分享经济带来的住宿体验。

此外，众安在物流货运、移动医疗、运动健身、食品餐饮、航旅及1V1定制等领域也研发了一系列生态保障产品，具有保费低、保障针对性强、上线速度快等优势，深受广大用户的喜爱，已成为各大互联网平台的“标配”。

2. 与互联网经营者携手跨界实现共赢

在经营对接方面，众安从场景化切入，与其他行业深度融合，为用户及合作方提供了个性化解决方案，发挥互补作用，实现了资源的高效整合与配置。目前，众安已经与百度、小米、领美科技、携程、途虎养车、智联招聘、美团、中信银行等众多知名企业成功合作，相互渗透，联动加深，创造了一个联动共赢的格局。

在数据对接方面，通过海量、高频、碎片化的产品投放，众安积累了丰富的市场经验及用户数据，采用区块链、云计算等领先科技，将此大数据与合作伙伴分享，不断降低企业运营成本，助力行业创新与空间融合。

在整合型价值观的有力推动下，众安扮演着金融服务提供商的角色，积极探索互联网企业与产业生态间的关系，凭借自身的协同能力，与健康、出行、金融、通讯、科技等其他行业经营者一起构建了完善的链圈式生态模式，实现了价值共赢。

从 VR 跨界看场景体验如何让人“嗨”起来

一、从 VR 跨界看场景体验

在当下最热门的科技中，VR 虚拟现实是最火的。可是，虽然 VR 已经被人们不止一次地提起，但由于应用场景很少，致使人们对它的认识还不够。当 VR 应用从一门技术通过跨界应用到各行各业中时，VR 所带来的技术变革已经让众多体验到的人跃跃欲试。

1. VR 看综艺：360 度无死角任性看。生活中，很多人喜欢看综艺节目，可是在家里能否通过 VR 来看？2016 年，优酷直播使用 VR 全景技术，直击互联网大型纪实类真人秀《我是谁》收官发布会，360 度全方位真实地还原了现场，观众只要在直播页面上随意拖拽鼠标，就可以同步看到发布会现场的所有细节。

其实，早在 2015 年 8 月，优酷就通过 VR 技术直播了“土豆映像季”。在 2016 年“两会”、优酷土豆合制综艺《国民美少女》直播中，VR 技术得到了更加稳定的运用，在之后的直播项目中，优酷 VR 直播还为广大网友提供了更为沉浸、更具互动性的时尚体验。

2. VR 看家居：带你走进未来的家。网龙是一家技术公司，推出了网龙 VR+家居应用。用户只要戴上 VR 头显，便可以提前进入未来的专属生活空间。而作为全国首个"'互联网+'泛家居"行业应用营销云平台，99 家居除了配有 VR 的沉浸体验，还融合了房地产开发商、装修设计公司、家居卖场、家居生产企业等多种资源，拥有 PC、无线、网页等多个终端版本。

从选房到设计、装修，再到家具布置、验收，该平台可以为用户提供一站式的家居解决方案，提供电商平台的售卖功能，以人性化的方式帮助用户打造属于自己的家居风格，让客户随时随地享受到家装体验。

3. VR 看房：室内室外场景全体验。对于众多购房者来说，看房是一件很辛苦的事。国内第一 VR 看房平台无忧我房发布了 VR 3.0 产品，大大提升了 GPU（图形处理器）性能；此外，还增加了 AI 元素、联机方案、户外大场景等功能。在智能解说中，机器替代了人工，用户在看房时可以随时打断并语音提问；在联机方案中，多人可以同时看房。

2016 年，无忧我房是全国房地产行业 VR 领域中，唯一一家可以实现室外大场景的公司，不仅能做室内房间，还可以做室外大场景。同时，其还将动态实时渲染及流体动力效果运用到了 VR 中，加强了体验的真实性，影子变化、光线变化、风吹树动、水流波动都与真实场景几乎一样。

除了场景的真实感，无忧我房还在样板间中做了交互设置。在虚拟的场景中，只要使用控制棒，就可以控制整个智能家居系统，如开窗、开门、拿起水杯，与场景随心互动。

二、玩转 VR，得到到体验式营销的方法

1. 理解人性需要，而不是品牌需要。如今，直播、GIF 动图、语音、短视频等多媒体形式的内容正在流行，这些方式不仅缩短了与观众的距离，满足了人类的娱乐天性，还有着最重要的价值——创造了一种满足用户需求的体验。

消费者细分模型可以识别不同的消费者，要想对其进行正确细分，不仅要从传统的社会统计学属性、行为属性等方面进行维度划分，还要进行一定的心理学分析，从人的需求出发，做更加贴近用户需求的细分。比如，Papi 酱幽默有趣、暴走漫画恶搞，这些都满足了人们轻松欢乐的需求；花椒和秒拍满足了人们表现和分享的欲望；李开复、马云和罗辑思维则满足了年轻人学习知识、表达见解的需要。

2. 找到最佳体验方式，而不是花多少钱。看到“体验”这个词，很多人都会想到大型直播活动，或线下产品体验会等，需要大场地，需要投入大量的时间、精力、资源。其实，不一定是这样。如果营销者没有明确受众需求，根本用不着大费周章，只有当确定受众的某种需求冲动时，才能使用最好的方法去满足他们。比如：一个 60 秒的短视频、一段语言，甚至可能是一张简单的图片、一则有内涵的小故事。

3. 追求病毒营销，不如让更多人去分享。病毒营销是营销者经常会挂在嘴边的一个词，他们希望自己的产品、活动可以像病毒一样得到广泛传播，可以让更多的人了解和知道。可是，真正实现的可能却异常细微。

病毒营销不是一项工作任务，而是一种营销效果的呈现状态，是无数受众经过无数

次分享后才能达到的，带着某种价值的特质。所以，在实际工作中，我们根本不需要为了病毒营销而绞尽脑汁，只要想办法让更多受众去主动分享即可。

4. 重视品牌大使，而不仅仅是明星网红。品牌大使是品牌的脸面，是品牌给受众营造的直接体验。一说到品牌大使，很多人都会想到明星或网红，其实大家都忽略了另外一些很重要的人物，比如：员工、客户、供应商、忠实粉丝等，他们都是异常重要的品牌代言人。

员工是品牌的核心知情人，可以作为品牌的种子，把价值和理念传递给更多人，形成广泛的辐射圈。客户、供应商、忠实粉丝等同样如此。所以，要想让用户接收到品牌的积极正向体验，首先就要让他们认可你的品牌、产品、服务，并且愿意将其传递出去。

看跨界营销如何引领行业变革

2016 年 9 月 1 日，由郭敬明导演的电影《爵迹》在北京举行了“与子同袍”发布会。在这次发布会上，影片主演范冰冰、陈学东、陈伟霆、郭采洁、林允、严屹宽等相继亮相。为了将视听效果更好地传递给观众，发布会一共播放了两次电影《爵迹》的 IMAX 3D 版终极预告片。观众不仅得到了美的享受，还品尝了一场视听盛宴。除此之外，现场还发布了一支名为《这样的郭敬明》的短片，展现了导演郭敬明在《爵迹》拍摄的幕后工作和感触。

在此次发布会上，A 品牌金融、A 品牌超级手机和 A 品牌影视会员先后送出了自己的生态大礼，提高了《爵迹》的宣传效果。其中，A 品牌金融推出了“财貌双爵”大礼包，粉丝可以零成本观影，让 IP 更亲民；A 品牌超级手机推出了《爵迹》IP 定制版手机，IP 粉丝可以分享到更完整的 IP 沉浸式体验；A 品牌影视会员推出了“爵无仅有”大礼包，将观影转变为社交。

如今，A 品牌正在引领影视产业 IP 分享的创新商业模式，共同为 IP 背后的分众服务，实现生态赋能用户。如此，就可以让粉丝获得更加深入、完整、沉浸式的 IP 体验，改变传统的观影模式。

这是一种面向未来的全新商业模式，由此带来的社交观影能够更好地连接 IP 背后的亚文化人群，为他们提供全新的社交体验和社群归属感。

一、将电视做成生态入口

随着电商的持续发展和互联网的不断渗透，A 品牌借助自己在内容、平台和用户群上的优势，率先攫取了互联网电视领域的一杯羹。其之所以能够实现这一点，主要是因为：A 品牌把屏幕作为一个生态入口，给用户传达出了更多的高清视频内容、互联网服务和体验等。

作为入口的屏幕，自然需要严把质量关。A 品牌并不只是一个普通的电视机厂商，而是通过互联网思维做得更好，让 A 品牌电视在交互性、可用性、应用性等方面都得到极大地改善的厂商。

在“互联网+”的大背景下，各家电企业都在使出浑身解数转型，比如：格力涉足了手机，TCL 围绕“双+”战略进行了转型，美的和小米开始合作了。各家电企业都把转型看作是头等大事。

二、创造更多应用，用户体验至上

目前，平板电视已经完全进入智能时代，搭载智能操作系统，为用户提供了便捷、简单的生活服务。

要想提升操作速度，关键是要拥有强大的处理器，而 A 品牌电视的所有尺寸电视内存都是 2G，按键移动速度超过 0.9 秒，操作流畅迅速，满足了用户的操作要求。这一点，对于大规模游戏市场和电视来说，确实是个机遇。

A 品牌电视在用户体验上设计还有很多创新，在交互性、可用性、应用性方面也做了很大改善。

案例：直播+时装，从刘涛参加《跨界歌王》说起

在《跨界歌王》中，刘涛不仅在历时三个月的节目中演唱了多首听众喜欢的歌曲，还给我们带来了一场美衣盛宴。

在《欢乐颂》和《琅琊榜》里，刘涛女攻范爆棚，完全变成了“女强攻”。其中，最能体现她女攻气质的就是套装西服。比如，在第二期节目中，刘涛身着白色修身西

装，演唱了《红颜旧》，白色的西装将刘涛优雅的气质展露无遗；在到第三期节目里，刘涛一身亮片西装，摇滚范十足。

当然，除了攻气十足的西装外，随性的风衣或摇滚皮衣也是刘涛“女攻”的典型穿搭。而刘涛穿起裙装，也是时而优雅时而俏皮。在总决赛走红毯的时候，刘涛以一身挂脖式大开领长裙出镜，整体造型优雅温润……

参加《跨界歌王》，不仅举办了一场个人走秀，还得了奖，刘涛从跨界中收获颇丰。

一、直播+时装为何能成功跨界

不论是国外的 Facebook、Twitter、Instagram、Snapchat 等社交平台的直播，还是国内基于微信、QQ 社交基础上的 NOW 直播，与国际时装展的跨界合作都获得了很大成功，让更多的年轻用户开始关注时装展。之所以会出现这种场景，笔者认为主要由以下四大因素决定：

1. 时装展与移动直播平台的用户定位相同，都以年轻用户群体为主。关注时装展的用户都是追求时尚、潮流的用户群体，而移动直播平台的用户也是以追求时尚、潮流的年轻人为主，在 NOW 直播等泛娱乐直播平台上，大部分是 25 岁以下的年轻人，95 后是这些用户群体中的中坚力量。

2. 对于大多数用户来说，到现场观看时装周并不现实，需要花费很多金钱和时间。

可是看新闻、图片或电视、网络视频，都无法体验到时装周的现场感受；而直播却能给用户带来最真实最直接的用户体验，这也是直播与时装周能够契合的一个重要原因。

3. 和看电视看视频比起来，直播能给时装周带来更好的用户互动效果，甚至很多互动效果在现场也无法感受得到。用户不仅可以看到现场直播，还可以对时装模特、服装样式等进行评论点赞，可以给自己最喜欢的模特送礼物，营造良好的时装展氛围。

4. 通过直播观看时装展，用户能直接通过社交平台分享给更多的朋友、粉丝，带动更多的人前来围观。

二、在时装品牌和社交直播平台的推动下，时装秀直播常态化

过去，在纽约、伦敦、米兰、巴黎等地的 T 台上，人们谈论最多的就是时装和设计，而今天人们讨论的内容却发生了变化，新科技成了他们最热衷探讨的内容。对于时装周和时装品牌来说，移动直播的加入能够给他们带来多重好处。

一方面，借助移动直播平台，能够获取更多的年轻用户，扩大时装秀的影响力。尤其是纽约时装周与国内的 NOW 直播平台合作，用户通过 NOW 直播可以直接分享到微信和 QQ，无异于直接连上了微信、QQ 的庞大用户群。

另一方面，对于时装品牌来说，不仅可以获得品牌的巨大曝光，还能够大大提升用户购买时装品牌的便利性，大幅提升时装品牌的销量。

当然，对于移动直播平台来说，定位时尚、潮流的时装周也能给直播平台用户提供他们最喜欢的直播节目，为平台增添更多的人气，提升平台的用户活跃度。因此，在时装品牌和移动直播的共同推动下，时装秀直播自然也会成为一种常态化。

三、直播+时装将给整个传统时装行业带来巨大变革

在时装周的移动直播中，Burberry、Tommy Hilfiger、Ralph Lauren 和 Tom Ford 等众多国际品牌开始通过秀场直播开启即看即买模式，吸引了众多直播用户，很多人都通过看播直接购买了自己心仪的最新时装。

国内的 NOW 直播在“直播+IP”的电影宣发模式中，也采取过右上角入口可直接购票的模式，这种“直播+”时尚开启的时装展即看即买，对整个传统时装行业必然会产生巨大的影响和变革。

1. 时装周展览的变革。借助移动直播平台，时装秀能够更直观生动地展现给全世界的所有手机用户，尤其是一些沉迷网络的年轻用户。如此，就会给直播周的现场展览带来变化。首先，每个去现场观看时装秀的用户都能拿起自己的手机进行现场直播；其次，现场加入了更多的直播科技元素，如 VR 等。

2. 时装销售的变革。今天，时装行业传统的销售模式正在被彻底颠覆，用户可以一边看直播一边购买，甚至还能带动更多的刺激性消费，在第一时间满足消费者对于时尚新品的渴望。另外，直播平台还为品牌提供了有效的用户导流。在直播界面直接展示商品购买入口，比用户看完了秀再去官网搜索下单，要便捷得多。

3. 时装供应链的变革。在时装展上直接通过直播销售，意味着整个传统时装的设计、生产环节都将发生改变。首先，服装品牌厂商需要精确地预估新出的产品；然后，设计时间也开始提前。

第 9 章

凸显健康大众化的健康分享经济

产品、渠道、资源整合，哪个才是未来企业的终极竞争？

资源整合、自我成长，分享经济如何集聚成巨大的力量？

分享经济的下一个主战场：医疗保健行业

在中国，医疗行业和教育行业面临的情况差不多，都是公立机构占据主导地位，私立机构又存在很多问题。对于医疗服务，每个人都希望有针对个人的定制化医疗服务，而不是到公立医院花费很长的时间排队、挂号，医生“两分钟”看完病，然后走人。

分享经济下的医疗，医生可以用空余的时间为想享受定制化医疗服务的病人提供在线咨询及上门治疗等服务，病人不用再跑到医院去挂号、问诊。

当前，医疗的矛盾主要体现在：公立医院资源有限，而病人医疗需求巨大，分享经济并不能完全解决这个问题。可是，如果医疗行业能够完全市场化，那么在分享经济模式下，医疗行业必然会迸发出巨大的生机。

在分享经济的世界里，医生的专业知识和能力是绝大多数人都需要的，而如何将医生和患者对接起来，则要依赖于移动互联网的力量。

Medicast 是一家分享医疗的公司。在 Medicast 的平台上，医生所提供的诊疗服务大致围绕感冒、发烧、轻微的外伤等可以简单处理的病症。在这个过程中，医生就可以获得一些额外收入。在此平台上，患者只要有需求就可以通过移动应用来预约医生，之后平台会从签约医生中挑选一位与患者达成 1 对 1 连接，并在 2 小时内为他提供上门服务。

分享经济是一个新生行业，到目前为止，在消费者市场的影响力更大。医疗保健行业对该种模式的应用比较缓慢，但依然可行。

目前，医疗保健领域有两点为该行业推行分享模式奠定了基础：一是提供商获得提供医疗服务报酬的方式和获得多少报酬上的变化，这驱动着提供商制定专注于服务整合和规模效益的战略；二是技术的进步，让该领域的分享经济变得不可行。再者，分享经济在 B2C 领域取得的成绩及在 B2B 领域取得的进展，使得医疗保健行业对采用分享模式也越来越有信心。

任何资产获取比资产拥有更优越的领域都适用于分享经济。虽然由于安全和卫生原因（如一次剂量的药）医疗保健领域的特定部分不能分享，但该行业还是有不少的分享机会。技术有能力改变人们的购买消费方式，优步的流感疫苗项目成功地颠覆了传统的疫苗接种方式，其他的疫苗接种、体检或者预防性检查也都可以通过这种模式进行。

从长远来看，分享经济有潜力颠覆医院和医疗体系层面的决策；从劳动力角度来看，护士会为多家机构提供服务，而不是仅供职于一家医院——他们会被要求前往需要他们的地方报到；在硬件器材方面，大宗采购方式可能也将发生改变。目前正在发生的设备分享（医院之间）现象使得医疗机构在设备采购上变得更加精明。与此同时，分享模式也将不断优化医疗保健服务。

正在开启的互联网分享医疗时代

不知不觉中，我们已经进入了分享经济时代，当大家还在热议滴滴、优步究竟是福还是祸的时候，远在万里之外的大洋彼岸，纽约患者已经可以享受通过预约平台提供的按需服务了。患者只要有需求，就可以在 APP 线上预约医生；医生接到预约时，首先会通过远程 IT 技术对患者的症状进行评估，继而确定诊疗方案；之后，医生会携带先进的智能云端健康检测设备上门，为患者做体检并现场施治。

互联网健康的本质是重构健康资源，颠覆传统医疗模式，让看病就医更加人性化。从患者角度看，就是患者有所呼，医者有所应。可以说，随着智能手机的迅速普及和健康感知技术的日益提高，医院之外的医疗服务方式也会快速走进人们的生活。

在这个特殊领域内，医与患是无法分离的，开拓健康市场也将成为医疗机构的必然选择。医疗机构如何开拓健康市场，应从以下两个方面来着手开展。

一、医学教育

在医学教育领域，平台设计了疾病百科、急救常识和用药参考等栏目。其中，医学百科，汇集了上千种常见疾病的通俗表述，方便人们了解自己感兴趣的医学常识，对自己的健康状况做到心中有数，达到预防疾病的目的；用药参考，精准地描述了上万种药品的使用范围、作用机理和药物不良反应等，为患者健康、正确用药提供了有效的指导和帮助；急救常识，则普及了遇到突发情况或受到意外伤害时，医生不在身边的情况下的数百种救助方法。

二、分级诊疗

除了医学教育外，大专家还积极推广分级诊疗，建立了多级教育系统，在基层医生、HIM（整体整合医学，简称“整合医学”）医生和大专家之间形成了完整的师生链条。

首先，要理解什么是分级诊疗？按照疾病的轻、重、缓、急及治疗的难易程度进行分级，不同级别的医疗机构承担着不同疾病的治疗。分级诊疗就好比交通疏导，可以将紧急、重大病患向三甲医院输送，而一般轻、小病患则往基层医疗机构疏导。

其次，什么在分级诊疗里面设置基层医生、HIM 医生和大专家三个环节？HIM，即整合医学，是一种全新的医学概念，可以解决医学发展过程中专科划分过细、知识碎片化带来的诊疗局限性问题，其将环境、心理等对病人有用的先进知识收集起来，根据疾病发展转归的需要有所取舍，形成新的医学体系。大专家平台设立了患者与各级医生一对一的交流途径。当疑难重症患者的病历出现时，它们会精准转送到专业医生手里。

现实环境下，医疗资源匹配不平衡，医患关系长期紧张，导致医生和患者常常站在对立面，信用缺位。在这种复杂、矛盾的背景下，医患关系的改善不可能一蹴而就。只有各健康医疗平台主动向前走一步，主动改善这种尴尬局面，医患关系才能得以有效缓解。

医生、健身场馆及健身教练的分享

一、互联网为医疗健康带来新机遇

互联网给医疗产业带来新机遇，工信部于 2015 年 10 月发布的报告显示：预期到 2020 年中国医疗健康产业规模将超过 8 万亿元，医疗在线咨询、预约诊疗、候诊提醒、划价缴费、移动问诊、智能药房、远程测量、影像诊断、专家会诊、监护指导、远程医疗服务等，互联网为医疗健康产业带来新机遇。

互联网医疗产品主要牵涉到两类用户，其一是患者，其二就是医生。医生可以通过手机应用与患者进行交流和沟通。而患者的相关健康数据也能通过互联网产品传递给医院的系统，因此医生只要每天查看病人的健康数据，就可以通知病人前来就诊。

"'互联网+'医疗"模式的最大优点是简化看病步骤，及时获得患者的健康指标。

1. 在线与终端咨询。奇迹汇为每位咨询者制定了精细的营养食谱，远程采集用户的身高、体重、体温、心跳、血压等信息，为他们提供个性化营养食谱建议与中医药材食谱膳食，提供远程测量血压与药物咨询服务。顾客可以在线测量血压与血糖读数，把数据输入到计算机，云端医疗工作者就会为他推荐中医药方，为顾客提供多元的个性化服务。

2. 智能药房与云端配送。互联网把很多药店信息连接到一个系统上，用户如果想购买药物，完全可以通过手机定制。智能药房根据用户所在位置，为用户提供最短路径的智能配送药物服务，人们就不用坐车到很远的地方取药了；互联网智能药房为消费者提供了更好的配送服务，通过云端服务器，可以获得药店终端的药品信息，采集在线用户的健康数据，做过常规医学检查，就能够为顾客配备药物了。

二、健身遇上互联网——人马线私教健身

人马线私教健身工作室成立于 2014 年 12 月，已经在上海、重庆、成都拥有多家连锁直营门店。其坚持“运动+营养+数据”的健身理念，以效果为导向，用数据说话，借助数据管理平台帮助用户定制健身计划，为他们提供专业的一对一私教服务，帮助用户实现完美的体型和健康的体魄。

人马线不仅受到广大消费者的肯定，还在 2016 年 8 月得到了蚂蚁天使和思德纯康 SeedVC 的投资，正式进入资本市场，成为中国首家受到投资方青睐的一对一私教健身线下实体门店。

人马线开创了健身新体验。如果用户想要健身，买健身卡并不算完，还有各种私教课程，然而可能会由于缺少懂行的教练统一管理，健身效果未必如自己所愿。人马线的健身工作室就是为客户解决这些烦恼而生的，他们以自己独特的经营方式，在健身领域受到好评，创造出的“‘互联网+’健身”的模式，受到市场的肯定。

人马线通过一对一私教服务，让用户学会锻炼，让科学个性化的运动锻炼成为用户健身生活的一部分。

人马线先后在上海徐家汇、中山公园、张江、北外滩等建设了实体门店，方便用户

在线下实体店进行锻炼。同时，还利用“互联网+”，投入巨资研发，展开多方合作，开发完成了可实现用户身体数据化、健身方案智能化、锻炼计划可追溯化的智能化平台，保证了会员长期锻炼计划的落地。

案例：奇迹汇，大健康时代的分享经济实践

奇迹汇是安徽奇迹汇电子商务有限公司的简称，成立于2016年9月23日，地点在中国科技之城合肥。奇迹汇是一家集科研开发、生产、销售于一体的高科技健康产业公司，一期投资500万人民币作为天使创业孵化资金。

奇迹汇采用目前超前的运营模式：借助移动互联网技术工具，结合大健康产业发展趋势，打造全新的商业模式；采用微商宣传入口的引流模式，打造线上的移动电商B2C2B2C平台分享模式，结合“平台+个人”合伙人利润分配模式，线下O2O众创空间为一体的全新社交电商模式。

奇迹汇创始股东由各行业的精英组成，目前涵盖电商、微商、网红、天使投资人等相关领域的顶尖人才。公司以“帮助1亿中国人解决亚健康问题为使命，立志点亮他们的人生奇迹，成为中国最有价值的互联网+大健康创客平台为企业愿景”，秉承“众创、共享、互助、进取”的价值观，为社会和他人创造价值，通过移动互联网新电商的互联互通，快速整合人脉、产品、资金，构建崭新的新商业生态圈，让平凡人创造不凡成就，实现每个人的奇迹。奇迹汇，开启了新的健康饮食生活方式。

第 10 章

消费分享经济：多重受益，引流利器

利润再分配还是人脉共享，消费分享经济的逻辑是什么样的？

收获信任并得到收益，消费分享怎样才能良性发展？

分享经济或颠覆传统消费模式

在2008年金融危机的阴影逐渐消散后，余波依然随处可见，人们的消费模式也因此发生重大改变。在这一背景下，分享经济或“合作性消费”日渐流行。随着科技的不断进步，移动通信设备、互联网的日益普及，都为其出现和发展提供了基本条件。

一、网络发展实现分享经济

哈佛大学商学院商务管理教授和历史学教授南希·科恩（Nancy Koehn）认为，分享经济是指个体间直接交换商品与服务的系统，理论上包括众多内容：搭车、分享房间、闲置物品交换等。所有的交换都可以通过网络实现，尤其是通过智能手机。

这种个体间直接交换的系统，不管在任何时间，都可以将世界各地成千上万的人们连接起来，让越来越多的人通过网络进入紧密连接的全球市场。消费者利用网络就可以消费或交换，享受到更加便利、舒适、快捷和实惠的商品与服务。

关于分享经济的驱动力，科恩给出了三个理由。

1. 消费者觉得有更大的主动权和透明度。现在，人们经常会遇到到四个问题：波动性、不确定性、复杂性和模糊性，分享经济能使消费者在消费过程中提高自我掌控力。

2. 世界信任危机爆发，不同年龄阶段的人群，尤其是年轻消费者对目前的商业和其他大规模组织的信任度越来越低，很多人都对商家没有留下好印象。当他们发现卖家与自己产生共鸣时，自然就会觉得更可信，这类消费也更具吸引力。

3. 消费者和供应者都可以在交换过程中获得益处。通过合理的价格，可以满足消费者的需求；而供应者则会从闲置物品中获得额外收益。

美国环保人士安妮·丽娜尔（Annie Leonar）在影片《物品的故事》中强调，随着资源日益缺乏，可替代选择越来越被更多的人所接受，合作性消费是提高资源利用率、加强可持续发展、减少浪费和降低对环境破坏的最佳选择方案。

二、信任实现分享

分享经济的特点是：在陌生的个体之间通过第三方网络平台进行物品交换。因此，除了网络这一基础条件外，信任是实现分享经济的另一个基本条件。正是这个平台，为分享经济群体的个体建立了相互有效的、值得信任的关系。

在过去几年中，分享经济获得了稳步发展，全球各地上千家公司和组织为人们提供了分享或者租用商品、服务、技术和信息的条件。据福布斯估计，美国 2013 年分享经济价值为 35 亿美元，增长了 25%。

但是，分享经济也面临着一系列问题，主要是这类新型经济活动在应用于现有法律和规范时存在模糊边界。从历史上看，政府或相关机构对现有法律或规范做出调整或创建，必将促进新经济活动向着更健康、更大规模的发展。

投资获利的超级平台

随着网站的不断推广，用户量逐日增加，网站也日益火爆。

例如，王小姐是一位公司白领，工作稳定，在“你不理财，财不理你”的影响下，她的个人投资理财意识日渐提高，不是在银行定期存款，就是购买理财产品，可是一段时间下来，王小姐发现：其投资理财所得根本就赶不上物价的上涨。

为了能更好地获利，王小姐进一步研究了市场上个人投资理财渠道，如货币型基金、储蓄型商业保险、P2P 理财、互联网金融理财产品、贵金属、炒股、楼市等。结果发现：这些方式不是风险低、周期长、收益低，就是收益高、投入大、风险多，常见的投资理财方式并不真正适合她。

同时，王小姐喜欢网购，每个月都会拿出一部分钱用在网购上，这些钱花出去后，也就没有了。有没有一种投资理财方式，既能购物得到实惠，还能较快地得到不错的收益？答案是肯定的。

很多互联网返利、分润平台，采用的是 F2C 模式（Factory to customer，即从厂商到消费者），削减了商品流通的中间环节，将原来传统商业环节如一级、二级、区域代理等的利润，通过“互联网+”手段变成利润收益，分配给会员而非中间代理商。

分享经济时代，是继续把钱花在传统商业中，让钱一去不复返；还是用投资理财的心态，无限制地循环使用资金，实现财务自由？分享经济的本质是整合闲置资源（物品或服务)，使其以较低的价格提供产品或服务，换取经济收益。这种方式最大的好处是：能够让闲置或者暂时空闲的资源被更多的人以较低的价格使用，实现资源利用的最大化。

分享经济对消费者的变革与开放

近几年来分享经济浪融入了商业经济的各个角落，与消费者日常生活相关的各个方面似乎都被分享经济的理念和行为所改造，消费者的消费心理和消费行为都已发生剧变。从一定意义上来说，分享经济重塑了一种商业模式，重塑了消费者相互之间，甚至消费者与商家之间的关系。那么，分享经济到底对消费者产生了什么样的影响呢？

一、消费者价值观的改变

分享经济的快速发展颠覆了消费者传统的所有权价值观，跟使用权比较起来，所有权显得不再那么重要。很长一段时间，消费者拥有商品的观念根深蒂固，可是拥有商品并不是最终目的，其真正目的是通过拥有满足自身的需求。

由于各种条件和观念的局限，在过去拥有能享用的所有权价值观才显得如此普遍和毋庸置疑；而且，作为分享经济发展前提的信用记录缺失，也阻碍了这种经济模式的发展。

伴随着信息技术的快速发展，信任环境和条件将越来越完善，新一代 90 后、00 后消费群体的快速崛起，对所有权的渴望也淡漠了很多。这些都为使用权重要性的提高提供了客观基础。不过，需要注意的是：分享经济的核心不是免费，而是不需要拥有。在未来，“不求所有，但求所用”的文化理念，必然会逐渐成为主流观念。

二、消费角色的改变

分享经济颠覆了企业与个人消费的产业模式，每个人都可以同时成为消费者和生产者，即生产消费者，消费者从被动消费阶段进入了主动产销阶段。

当商业进入移动电商 3.0 时代，分享经济也得以快速发展，打破了过去消费者被动接受和选择商家提供商品及信息的模式，消费者既是信息接受者，也是信息的生产者和发布者。

生产消费者通过互联网或移动互联网，以接近于零的边际成本来跟人们一起分享知识、信息、新闻，美食、音乐、视频、汽车、房屋、工具等事物。因而，消费者能够更容易且随时随地和其他消费者沟通，了解更全面的企业信用和产品评价。市场也就进入消费主权时代，消费者可以决定与哪个商家在何时、何地及如何进行连接与交易。

在分享经济中，消费者拥有更大的主动权和控制权，市场交易更透明，传统交易活动带来的波动性、不确定性和模糊性被消除，消费者能够更加能动地主导交易。

三、消费者消费过程的改变

分享经济的发展，让消费者的消费过程变得更加简单。

消费者消费过程是由产生动机、寻找、选择、购买和使用等五个阶段构成的。其中，最花费精力和时间的是寻找和选择阶段。尤其是在信用体系不健全和信息不对称普遍存在的环境下，要想找到商品并做出购买选择，是异常艰难的。

分享经济发展的重要前提就是信用体系的完善，没有信用，陌生人之间几乎无法达成交易。借助云计算和大数据，珍惜并提高自己的信用也就成了交易双方明智且理性的选择。

如此，可以打破一次博弈互相不诚信的“囚徒困境”，借助后台大数据完善的信用记录；还可以大大增强市场自身的信用约束，进一步降低消费者在消费过程中的信息不对称，降低其搜寻、谈判、监督等方面的交易成本，大大降低消费过程每个阶段的风险，尤其是最耗费精力的寻找和选择阶段；消费者也会适应和喜欢更便捷的消费模式，并形成习惯。

四、消费者消费价值的改变

分享经济的发展，既增加了消费者经济意义上的消费者剩余价值，又增加了消费者体验和情感上的价值，对以买为主的传统商业模式造成了颠覆性影响。

消费者不必为了满足使用需求而去购买商品，只要支付少量租赁成本即可。满足同样的需求，消费者支付的费用比传统模式低很多，在消费者愿意支付的价格不变的情况下，出现了经济学中所讲的“消费者剩余”价值。

此外，在分享经济的消费模式中，市场会从“大众市场”进入“人人市场”，大众化和标准化的产品与服务会逐渐让位于场景化和个性化的体验。

分享经济虽然没有创造出新产品和技能，可是依然通过时间、知识、产品进行连接、匹配、组合与利用，消费者能够从中找到更多的个性化体验，重新回到准熟人社会，获得某种意义的情感价值。

在分享经济时代，所有资产都是开放的，所有人都是连接在一起的，每个消费者都可以集合最优秀的产品、资源、数据、平台，完成和满足自己的个性化需求，这是工业化标准产品所无法满足的。这种模式下的消费者体验价值是最好的，消费者福利是最高的。

后记

从“我”到“我们”

分享是一种全新的思维模式，很多时候，我们都强调对事物的拥有和控制，如今随着互联网的发展，“我们”出现在了大众视野中，让社会资源得到了更好的利用。这仅仅是开始，随着大数据的发展，随着信息越来越灵活便利地生产、传播和处理，分享经济定然会更加深入渗透到各个角落，继而促使企业组织形式、社区居民关系等发生重大变化。

分享经济是互联网时代的直接产物，更完美地体现了互联网所代表的开放、连接、分享的精神。你有一个橘子，给了他人，手里就没有了；可是，如果你有一个好的想法或者有价值的信息，给了他人，你依然还有着这个想法或信息。

一、分享经济：互联网结出的美丽果实

如今，分享经济在中国已经蔚为大观。手里只要拿着一部手机，就多了一个服务终端，每个人都可以在移动平台上发布自己的需求，也能够提供产品或服务。在原有的产业之外，分享经济不仅创造出了全新的细分市场，还挖掘出了众多就业机会。在经济转型的阵痛期，分享经济占尽了风头，成为一大亮点。

互联网的出现，让每个人都成了一个信息节点，以极大的透明度和传播效率将节点连接起来，让每个人成为一个独立经济单位。当个人间的供需信息实时联通时，个人间的直接交易成本必然会极大降低，将个体作为经济单位也就成为可能。

分享经济的一大优势在于成本。采用这种方式，供应者不用维持企业形态所需的人力成本和运营成本，消费者也能够以降低享受产品和服务的苛刻要求，分享经济以低成本和分散式的特点被市场所接纳。

尤其对于个性张扬的90后、00后来说，分享经济更可能成为他们的主要生活方式。如今，人们对于“稳定工作”的信仰，已经被分享经济所带来的“U盘化生存”所替代。传统工作不再是“社会人”的必备品，而成了人们的一种生活方式。

二、分享经济极大促进网络信用体系发展

支撑分享经济发展的生力军是年轻且受过教育的一代人，他们生长于网络时代，易于接受新鲜事物，热爱自由，心态开放，乐于连接，是参与分享经济的理想角色。

同样，分享经济也直接诞生于这样一批有着个人资产（住房、汽车)、有零散时间的社群之中，他们不会为了生计而整天扑在工作上，对财产没有守财奴般的占有欲，能够接受所有权和使用权的分离；他们更喜欢“轻资产”的生活方式，对社交与连接的兴趣更浓烈。我相信，从他们的生活方式中必然会诞生出一种更包容、更豁达、更人性的文化。从这个意义上说，不仅要对分享经济的发展充满信心，还要还乐见其成。

三、分享经济是人类未来的生活方式

滴滴、优步、爱彼迎等公司给我们展现了一种全新的社会组织方式：从消费品开始，把衣食住行的资源分享出去，能够创造出更大的经济价值。相信在不远的未来，更多的产品和服务将进入分享经济领域，届时人类的日常生活和生产必然会充满形形色色的分享资源。

现在以互联网发展为契机，思维改变使得“我们”能够共同使用这辆车、这间房，整个社会资源得到了更好地利用。应该说，这仅仅是个开始，未来随着大数据的发展，随着信息越来越灵活便利地生产、传播和处理，分享经济会更加深入渗透到各个角落，继而带来企业组织形式、社区居民关系等方面的深刻变化。

一个伟大的时代，刚刚拉开序幕。

最后，感谢以下朋友、同事对本书的帮助与支持（排名不分前后）：

刘克来、曹佳、查如军、苏利、张鹏、张晗、赵旭、童大春、姚维琴、周万顺、李前伟、王兵、王勇、王桂勤、马宜伟、李硕、林峻毅、王平、张玉梅、辛秀玲、李杨、杨伟华、刘建新、王美玲、王娟、陈同峰、周国友、王莉、王玲、吴琼、邵利群、吴加胜、苏建兵、蒋道香、王惠民、马保清、叶国敏、刘青林、闫慧玲、程伟。

参考文献

[1] 马化腾等．分享经济：供给侧改革的新经济方案［M］．北京：中信出版集团，2016.

[2] 谈婧．重新定义分享：UBER 中国的分享实践［M］．北京：中国友谊出版公司，2017.

[3] 朱克力，张孝荣．分享经济：国家战略新引擎与新路经［M］．北京：中信出版集团，2016.

[4] 李光斗．分享经济［M］．北京：机械工业出版社，2016.

[5] 张新红．分享经济：重构中国经济新生态［M］．北京：北京联合出版社，2016.

[6] 布赖恩·克雷默．分享时代：如何缔造影响力［M］．北京：中信出版集团，2016.

[7] 陈鹏全．一本书搞懂分享经济［M］．北京：化学工业出版社，2016.

[8] 王靖飞，刘禧辉，孙郡．分享经济［M］．广州：广东经济出版社，2016.